U0597732

# 幼师语言培训教程

刘梅 王砚美/主编
王英 庄娟 王敢/副主编

人民邮电出版社

北 京

**图书在版编目（CIP）数据**

幼师语言培训教程 / 刘梅，王砚美主编. -- 北京：
人民邮电出版社，2014.10（2024.2重印）
职业院校学前教育专业规划教材
ISBN 978-7-115-35603-1

Ⅰ. ①幼… Ⅱ. ①刘… ②王… Ⅲ. ①幼教人员－汉
语－语言表达－高等职业教育－教材 Ⅳ. ①H193.2

中国版本图书馆CIP数据核字(2014)第092193号

## 内 容 提 要

本书根据幼儿教师的职业特点，并紧扣学前教育的专业特点而编写。本书不仅重视提高学习者的普通话水平，更注重培养学习者的专业能力，体现了以职业技能培养为导向，适应教学发展的编写思路。

全书共有六章内容，包括方言语音辨正训练，音变，朗读的要求和技巧，讲故事训练，幼儿教师教学口语训练，幼儿教师教育口语训练。前两章内容重在提高幼儿教师的普通话水平。第三、四章内容重在提高幼儿教师的语言表达能力。最后两章内容重在规范幼儿教师的教育教学口语。本书通过知识介绍、案例分析、训练指导、思考与练习等途经，帮助学习者提高口语表达能力，提升学前教育专业学生以及幼儿教师的职业素养。

本书既可以作为职业院校学前教育专业课的教材，也可供从事学前教育的人员学习和参考。

◆ 主　　编　刘　梅　王砚美
　　副主编　王　英　庄　娟　王　敢
　　责任编辑　刘玉一
　　执行编辑　蒋　亮
　　责任印制　焦志炜

◆ 人民邮电出版社出版发行　　北京市丰台区成寿寺路 11 号
　　邮编　100164　　电子邮件　315@ptpress.com.cn
　　网址　http://www.ptpress.com.cn
　　北京捷迅佳彩印刷有限公司印刷

◆ 开本：787×1092　1/16
　　印张：11　　　　　　　　　2014 年 10 月第 1 版
　　字数：213 千字　　　　　　2024 年 2 月北京第 13 次印刷

定价：26.00 元

读者服务热线：(010)81055256　印装质量热线：(010)81055316
反盗版热线：(010)81055315
广告经营许可证：京东市监广登字 20170147 号

# 编审委员会

主　任：张继军

副主任：丁　辉

委　员：肖胜强　李华峰　邓来信　王守涛　徐　清

　　　　逄锦涛　葛秀忠　赵存生　刘兆高　王　敢

特聘专家：

青岛海信集团　康存勇

青岛海尔集团　陈彦海

青岛金冠电子商务有限公司　冯磊

青岛市职业技术学院　于志云

青岛市黄岛区教体局职成教办公室　王砚美

青岛市黄岛区学前教育办公室　丁岩

青岛市阿迪尔车桥制造有限公司　李梦贤

青岛市劳动就业训练中心　丁华聚

青岛三承电装有限公司　闫光磊

青岛中盈蓝海有限公司　隋金毅

青岛东元精密机电有限公司　赵春华

南车青岛四方机车车辆股份有限公司　何建英

青岛市黄岛区隐珠幼儿园　陈保华

胶南经济开发区海滨幼儿园　王晓莉

青岛天一集团红旗纺织机械有限公司　刘培德

青岛永顺达金属制品有限公司　张德堂

# 本书编委会

主　编：刘　梅　王砚美

副主编：王　英　庄　娟　王　敢

学校编委成员姓名：董玉美　李慧玲　张春梅　韩文瑛

企业行业编委成员单位及姓名：

青岛市黄岛区实验小学幼儿园园长：高玉霞

青岛市黄岛区实验小学幼儿园教师：王怀梅

青岛市黄岛区世纪新星幼儿园园长：韩秀欣

# 前　言 / FOREWORD

随着社会和经济的发展，人们对幼儿教师的语言表达能力的要求日趋提高。语言表达水平的高低，不仅关系到学前教育专业学生的在校学习情况，而且也将在很大程度上决定他们未来对工作、对社会的适应状况。同时，对于幼儿教师而言，要面向对于文字知之甚少的幼儿传授知识，塑造孩子们美好的心灵，语言表达能力更是其取得教育教学成功的关键。

目前，根据幼儿教育的规律和特点，突出学前儿童对教师特殊的语言要求，专门训练和提高学前教育专业学生及幼儿教师语言表达能力的教材却很少。为推动学前教育事业的发展，提高学前教育专业的学生和师资队伍正确使用职业语言的水平，我们编写了这本《幼师语言培训教程》。

本书注重提高学习者在幼儿教育中的语言表达能力和运用能力，是以培养高素质的一线幼儿教师人才为目标编写的。全书共有六章教学内容，第一章主要从声、韵、调三方面阐述各地方言和普通话之间的差别。第二章介绍了普通话的音变。第三、四章讲述了朗读的要求和技巧以及讲故事的技巧。第五、六章介绍了幼儿教师教学口语和教育口语的要求与特点以及相关的基本技能训练。

本书的编写具有以下特点。

1. 注重知识的实用性。本书注重理论讲解与实践训练的紧密结合，突出知识的实用性。每个章节后面都配有大量的课后练习，对提高学生的普通话水平和语言表达能力有很大帮助。

2. 编写内容具有针对性。在选择编写内容时，主要从幼儿教师的知识需要出发，从怎样讲好普通话到怎样提高自己的职业语言能力，都做了精心选择。并且编者在选用范例和练习材料时把幼儿园教材中的内容加入了进来，使基本技能训练更接近幼儿园的实际教学。

3. 内容编写形式灵活。编者在编写本书时，尽量做到语言浅显易懂，既要照顾到学习者现有的知识水平，还要考虑到学习者对知识的接受能力。在每个知识点后面都安排有相应的案例和知识练习，形式灵活多样，有利于培养学习者的学习兴趣。

4. 适用范围广。本书不仅适合职业院校学前教育专业的学生，也可作为幼儿园教师等学前教育从业人员的学习参考用书。

根据教学内容，建议本课程学时分配如下。

| 章 | 课程内容 | 学时 |
|---|---|---|
| 第一章 | 方言语音辨正训练 | 6 |
| 第二章 | 音变 | 4 |
| 第三章 | 朗读的要求和技巧 | 10 |
| 第四章 | 讲故事训练 | 8 |
| 第五章 | 幼儿教师教学口语训练 | 5 |
| 第六章 | 幼儿教师教育口语训练 | 5 |
| 课时总计 | | 38 |

　　本书由刘梅、王砚美任主编，王英、庄娟、王敢任副主编，具体的编写分工如下：刘梅编写第一章、第二章，刘梅、王砚美编写第三章，刘梅、王敢编写第四章，庄娟编写第五章，王英编写第六章。此外，董玉美、韩文瑛、李慧玲、张春梅、高玉霞、韩秀欣、王怀梅为本书的编写提供了大量的资料，万红彦为本书的编写提出了很多宝贵的意见，编者在此一并表示感谢。

　　由于编者水平和经验有限，书中难免有错误及不当之处，恳请广大读者予以批评指正。

编　者

2014 年 4 月

# 目  录 / CONTENTS

## 第六章　幼儿教师教育口语训练／81

# 第一章
# 方言语音辨正训练

　　要想学好普通话，首先要把自身的方言语音改正过来，使发音符合普通话的标准音。要改正自身的方言语音，就必须进行方言语音辨正。各地方言与普通话相比，存在较多差异，这也是学习普通话的难点。本章将从声母、韵母和声调这几个方面的发音特点，结合部分方言发音方面的缺陷，让方言区的人充分认识学习普通话在发音方面应该注意的地方。

# 第一节 声母辨正训练

对于大部分声母，方言区的人都能读准。但由于个别声母容易受方言语音习惯的影响，方言区的人往往发不准它们的音。

## 一、发准舌尖前音和舌尖后音

声母中的舌尖前音和舌尖后音是方言区人们学习普通话的一大难点。全国很多方言区都会出现前音、后音不分的情况。

在山东，部分地区的人往往把舌尖前音发成齿间音。即在发舌尖前音 z、c、s 时，把舌尖伸出，放在上下齿之间，发出的音就形成了齿间音。要想纠正齿间音，可以在发 z、c、s 时，将上下齿轻轻咬住，阻止舌尖伸出，有意识地练习正确的发音。

舌尖后音也叫翘舌音，是声母学习中的难点。有些方言区没有 zh、ch、sh 声母，把舌尖后音 zh、ch、sh 混读成了舌尖前音 z、c、s。这些方言区主要包括吴方言、闽方言、粤方言、客家方言，以及山东省鲁西南的汶上、济宁、兖州、曲阜、微山、鱼台、聊城，山东省胶东地区的烟台、威海、龙口、莱阳、招远、莱西和东北地区方言。要想发准翘舌音，首先要注意翘舌音的发音部位，抓住翘舌的要领。

**【正音练习1】**

总之，种子总是种子，它能长成苍松翠柏，茁壮成长，耸峙山巅；也许也会生出小草自生自灭，不为人知。

**【正音练习2】**

| | |
|---|---|
| 找到不念早到， | 遭到不念早稻， |
| 乱草不念乱吵， | 制造不念自造， |
| 收不念搜， | 昌不念仓，张不念脏， |
| 栽花不念摘花， | 自立不念智力， |
| 暂时不念占时， | 大字不念大智， |
| 一层不念一成， | 草木不念炒木， |
| 参加不念掺加， | 四十不念事实， |
| 三哥不念山哥， | 塞子不念筛子， |
| 俗语不念熟语， | 散光不念闪光， |
| 撒网不念纱网， | 三山不念山山。 |

## 二、读准声母 j、q、x

声母 j、q、x 是舌面音，而在一些南方方言中往往把它发成舌叶音，这是不正确的。

闽方言、粤方言等地区会出现声母 j、q、x 与 zh、ch、sh 混用的情况，例如把"支持"读成"机器"，"不少"读成"不小"。而北方方言、吴方言和湘方言区中的一些人，则常常把 j、q、x 发成 z、c、s，例如：

有个南方人乘火车到郑州出差办事，第二天清早到洗脸间洗脸。当时，洗脸的人很多，好不容易轮到这位南方人时，走过来了一位老人。南方人见来人是老者，就客气地让开，说："您老人家先死（洗）吧！"老人一听愣住了，心想，这人怎么这样无礼！还没等老人做出反应，南方人因怕另有人占了位置，忙说："您不死（洗），我就先死（洗）了。"老人这次忍不住了，恼火地说："你这是什么话？"南方人说："我叫你先死（洗）脸呀！"老人指着南方人说："你叫我死什么脸？你说清楚！"南方人尽量控制着不发火，说："老人家，我好心叫你死（洗），你不死（洗）就算了，我死（洗）就是！"老人推了南方人一把，说："你死！你死！你快死！"

资料来源：张严明.口语表达技能训练教程训练[M].北京：中国物价出版社，2001.

这个故事中的南方人把普通话的声母"x"发成了"s"，把"洗"说得近似"死"了，造成了不必要的误会。

【正音练习 1】

编制——编辑　　密植——密集　　电扇——电线

专长——砖墙　　不是——不细　　戏法——司法

【正音练习 2】

积极　　紧急　　坚决　　亲切　　秋千

牵强　　虚心　　详细　　学习　　新鲜

## 三、正确区分 d 和 j，t 和 q 的发音

受方言的影响，部分人不能正确区分 d 和 j，t 和 q 的发音，往往把声母是 d 的音节发成声母为 j 的音节，把声母是 t 的音节发成声母为 q 的音节。例如，把"单调"（dān diào）错误地发成（dān jiào），"梯田"（tī tián）错误地发成（qī qián）。要想纠正这个语音缺陷，就必须从声母的发音入手。声母 d、t 属于舌尖中音，发音时要求舌尖先抵住上齿龈；而声母 j、q 属于舌面音，发音时要求舌面隆起抵住硬腭前部。只要掌握了它们的发音部位，正确区分 d 和 j，t 和 q 的发音就不难了。

【正音练习1】

| 断定 | 地点 | 单调 | 搭档 | 大酒店 | 叮当 | 跌倒 |
|---|---|---|---|---|---|---|
| 体贴 | 团体 | 挑剔 | 谈天 | 调停 | 秋天 | 秋千 |

【正音练习2】

田建贤前天从前线回到家乡田家店，

只见家乡变化万千，连绵不断的青山，

一望无边的棉田，高压电线通向天边。

## 四、正确区分 n 和 l 的发音

声母 n、l 不分的现象在赣方言、闽方言以及西北西南、江淮方言中有较为普遍的存在。有的方言 n 和 l 完全混淆，如兰州话。有的是部分混淆，如成都、厦门、南京等地区都存在这个问题。例如，"吕老师"与"女老师"，"隆重"与"浓重"。

n 和 l 这两个音都是舌尖中音，发音部位相同，但发音方法不同，一个是鼻音，一个是边音。要想正确区分 n 和 l 的发音，首先要读准 n 和 l，然后知道哪些字的声母是 n，哪些字的声母是 l。

【正音练习1】

练一练，念一念，n 和 l 要分辨。

l 是舌边音，n 是鼻音要靠前。

你来练，我来念，

不怕累，不怕难，

齐努力，攻难关。

【正音练习2】

河边有棵柳，柳下一头牛，牛要去顶柳，柳条缠住了牛的头。

## 五、零声母辨音

在某些方言里，读以 a、o、e 开头的零声母音节时，常常在前头加一个舌根鼻音 ng。例如，将"安"读成"ngan"，"欧"读成"ngou"，"恩"读成"ngen"。要想纠正，直接将舌根鼻音去掉发元音就行了。

在一些方言中，读以"u"开头的零声母音节时，往往将"u"读成了齿唇浊擦音"v"。例如，"文、为、网、五、外"在发音时，将双唇收拢成圆形就能发出正确的语音。

【正音练习1】

| | | | | |
|---|---|---|---|---|
| 安全 | 昂扬 | 恩情 | 欧洲 | 懊悔 |
| 暗示 | 遏制 | 恩爱 | 偶然 | 案例 |

【正音练习2】

| | | | | |
|---|---|---|---|---|
| 娃娃 | 婉转 | 温顺 | 论文 | 老翁 |
| 魁伟 | 外快 | 嗡嗡 | 狂妄 | 喔喔 |

【课后练习】

1．读准声母是舌尖后音与舌尖前音的字词

| | | | | |
|---|---|---|---|---|
| 猜测 | 财产 | 参差 | 参谋 | 残存 | 惭愧 |
| 层次 | 插座 | 茶几 | 差不多 | 差错 | 差事 |
| 筹措 | 丑陋 | 出租 | 橱窗 | 揣测 | 传授 |
| 扫帚 | 沙漠 | 删除 | 珊瑚 | 山东 | 闪烁 |
| 善良 | 稍微 | 少年 | 少数 | 哨所 | 奢侈 |
| 舌头 | 舍弃 | 设施 | 社会 | 涉及 | 审查 |
| 甚至 | 慎重 | 牲畜 | 省略 | 剩余 | 失策 |
| 师傅 | 石榴 | 食品 | 遭受 | 噪音 | 责难 |
| 增长 | 憎恶 | 赠送 | 渣滓 | 扎实 | 诈骗 |
| 榨取 | 债券 | 崭新 | 占领 | 站岗 | 张罗 |
| 章程 | 掌握 | 帐篷 | 障碍 | 招呼 | 沼泽 |
| 召开 | 征兆 | 折磨 | | | |

| | |
|---|---|
| 造就——照旧 | 早稻——找到 |
| 杂技——札记 | 新村——新春 |
| 阻力——主力 | 资源——支援 |
| 初步——粗布 | 木材——木柴 |
| 仓促——仓储 | 肃立——树立 |
| 推辞——推迟 | 姿势——知识 |
| 午睡——五岁 | 蚕丝——尝试 |
| 诗人——私人 | 桑叶——商业 |
| 助词——蛀齿 | 三角——山脚 |

2. 绕口令练习

学时事（zh、ch、sh）

史老师，讲时事，常学时事长知识，

时事学习看报纸，报纸登的是时事，

常看报纸要多思，心里装着天下事。

叔叔锄竹笋（zh、ch、sh）

朱家一株竹，竹笋初长出，朱叔处处锄，

锄出笋来煮，锄完不再出，朱叔没笋煮，

竹株又干枯。

子词丝（z、c、s）

四十四个字和词，

组成一首子词丝的绕口词。

桃子李子梨子栗子橘子柿子槟子和榛子，

栽满院子村子和寨子。

刀子斧子锯子凿子锤子刨子和尺子，

做出桌子椅子和箱子。

名词动词数词量词代词副词助词连词，

造成语词诗词和唱词。

蚕丝生丝熟丝缫丝染丝晒丝纺丝织丝，

自制粗丝细丝人造丝。

四是四，十是十（s、sh）

四是四，十是十，

十四是十四，四十是四十，

不要把十四说成"实事"，

也不要把四十说成是"细席"。

要想说对四，舌头碰牙齿，

要想说对十，舌头别伸直，

要想说对四和十，多多练习十和四。

### 短刀（d、t）

断头台倒吊短单刀，歹徒登台偷短刀，

断头台塌盗跌倒，对对短刀叮当掉。

### 打特盗（d、t）

调到敌岛打特盗，特盗太刁投短刀，

挡推顶打短刀掉，踏盗得刀盗打倒。

### 谭老汉买蛋和炭（d、t）

谭家谭老汉，挑担到蛋摊，买了半担蛋。

挑担到炭摊，买了半担炭，满担是蛋炭。

老汉忙回赶，回家炒蛋饭，进门跨门槛，

脚下绊一绊，跌了谭老汉，破了半担蛋，

翻了半担炭，脏了木门槛。老汉看一看，

急得满头汗，连说怎么办，蛋炭完了蛋，

老汉怎吃蛋炒饭。

### 漆匠和锡匠（j、q、x）

七巷一个漆匠，西巷一个锡匠，

七巷漆匠偷了西巷锡匠的锡，

西巷锡匠拿了七巷漆匠的漆，

七巷漆匠气西巷锡匠偷了漆，

西巷锡匠讥七巷漆匠拿了锡，

请问漆匠和锡匠，谁拿谁的锡，

谁偷谁的漆？

### 稀奇稀奇真稀奇（j、q、x）

稀奇稀奇真稀奇，蟋蟀踩死大母鸡。

气球碰坏大机器，蚯蚓身长七丈七。

八十岁的老头躺在摇篮里。

牛郎恋刘娘（n、l）

牛郎年年恋刘娘，刘娘连连念牛郎，

牛郎恋刘娘，刘娘念牛郎，郎念娘来娘恋郎。

**3. 读准声母是 d、t、j、q 的字词**

| | | | | | | | |
|---|---|---|---|---|---|---|---|
| 电灯 | 大地 | 导弹 | 对等 | 淘汰 | 弹跳 | 天堂 | 吞吐 |
| 季节 | 将军 | 将近 | 矫健 | 窃取 | 侵权 | 齐全 | 确切 |
| 带头 | 党团 | 动听 | 地毯 | 特地 | 停顿 | 推断 | 屠刀 |
| 郊区 | 急切 | 俊俏 | 奖券 | 抢救 | 奇迹 | 曲解 | 强加 |

# 第二节 韵母辨正训练

## 一、读准单韵母，正确区分 e 和 o

单韵母的发音要求发音过程中舌位和唇形始终保持不变，若有一点变化，就不是纯正的单韵母了，所以发音时要保持固定的口形。例如：单韵母 o 正确发音应是先摆好口形再发音，口形不能动。而在一些方言中在发 o 时口形和舌位都发生变化，把 o 发成复韵母 uo。

单韵母 e 和 o 的发音部位基本相同，但唇形不同，e 发音时口形不圆，而 o 是圆唇。方言中往往把 o 发成不圆唇的 e。例如，"磨墨"mómò，读成 mé mè；"山坡"shān pō，读成 shān pē。

要想正确区分 e 和 o 的发音，首先要按照发音要求发好单韵母 o，注意 o 和 e 唇形的不同。另外，还可以利用普通话声韵拼合规律来区分。声母 b、p、m、f 只跟单韵母 o 相拼，而不跟 e 相拼。

**【正音练习1】**

博得　波折　破格　隔膜　刻薄　恶魔

磨墨　薄膜　婆婆　伯伯　脉脉　破获

**【正音练习2】**

（1）村东有条清水河，河岸有个小山坡。大伙坡上挖红薯，闹闹嚷嚷笑呵呵。忽听河里一声响，河水溅起一尺多。谁不小心掉下河？一位姑娘回答我：不是有人掉下河，是个红薯滚下坡。

（2）打南坡走过来个老婆婆，两手托着俩笸箩。左手托着的笸箩装的是菠萝，右手托着的笸箩装的是萝卜。你说说，是老婆婆左手托着的笸箩装的菠萝多，还是老婆婆右手托着的笸箩装的萝卜多？说得对，送给你一笸箩菠萝；说得不对，既不给菠萝也不给萝卜，罚你替老婆婆把装菠萝的笸箩和装萝卜的笸箩，送到大北坡。

## 二、发准复韵母

普通话的复韵母比较丰富，共 13 个，占全部韵母的 1/3。有些方言元音韵尾比较少，如有些方言区，就没有 ai、ei、ao、ou 这一类复韵母，而是把它们读成单韵母；同样，uai、uei、iao、iou 等复韵母中的 ai、ei、ao、ou 也做了相应改变，念成了单元音。

**【正音练习】**

摆手 bǎi shǒu——把手 bǎ shǒu

小麦 xiǎo mài——小妹 xiǎo mèi

分派 fēn pài——分配 fēn pèi

眉头 méi tóu——埋头 mái tóu

被子 bèi zi——稗子 bài zi

镁光 měi guāng——买光 mǎi guāng

怀想 huái xiǎng——回想 huí xiǎng

怪人 guài rén——贵人 guì rén

未来 wèi lái——外来 wài lái

病后 bìng hòu——病号 bìng hào

勾结 gōu jié——高洁 gāo jié

消息 xiāo xi——休息 xiū xi

## 三、防止丢失鼻音韵尾 n 和 ng

普通话里的前鼻韵母有韵尾 n，后鼻韵母有韵尾 ng。而在一些方言中往往把韵尾给丢失。例如，发前鼻韵母时，舌尖没有抵到上齿龈，鼻和嘴同时发音，成了鼻化音。而发后鼻韵母时，舌根也没有抬起抵到软腭上，发成了鼻化音。

要发准鼻韵母，首先要发准鼻尾音 n、ng，然后在发鼻韵母时，有意识地在发音过程的最后，发出鼻尾音，完成从口音到纯粹鼻音的转化。

**【正音练习 1】**

| 栏杆 | 愤恨 | 生成 | 年检 | 两项 | 近亲 | 零星 |
| 转换 | 装框 | 圆圈 | 松动 | 门诊 | 厂商 | 明镜 |

**【正音练习2】**

八班长姓潘，五班长姓关，潘班长要管关班长，关班长要管潘班长。都是班长，潘班长管不了那关班长，关班长也管不了那潘班长。

## 四、正确区分 eng 和 ong，ing 和 iong

在一些方言中 eng 和 ong，ing 和 iong 往往不能正确区分。例如，"灯笼"dēng long，要么读成 dēng leng，要么读成 dōng long；"大风"dà fēng 读成了 dà fōng，"红旗"hóng qí 读成 héng qí；"行凶"xíng xiōng 读成 xíng xīng 等。要想纠正这个问题，首先要掌握这四个后鼻韵母的规范发音，eng 和 ing 不圆唇，ong 和 iong 圆唇。另外，可以运用普通话声韵母拼合规律。在普通话中 b、p、m、f 四个声母只和 eng 相拼，不与 ong 相拼。

**【正音练习1】**

| | | | |
|---|---|---|---|
| 更正——公正 | 恒星——红星 | 供应——公用 | 公正——公众 |
| 征用——中用 | 龙灯——隆冬 | 耕种——公众 | 工整——工种 |
| 征程——忠诚 | 正式——重视 | 征途——中途 | 真正——珍重 |
| 保证——保重 | 行为——雄伟 | | |

**【正音练习2】**

青龙洞中龙做梦，青龙做梦出龙洞，做了千年万载梦，龙洞困龙在深洞。自从来了新愚公，愚公捅开青龙洞，青龙洞中涌出龙，龙去农田做农工。

**【课后练习】**

**1. 读准下列双音节词**

| | | | | | | | |
|---|---|---|---|---|---|---|---|
| 报道 | 报到 | 报告 | 报销 | 操劳 | 钞票 | 嘲笑 | 吵闹 |
| 唠叨 | 高超 | 高潮 | 高考 | 高烧 | 号召 | 骄傲 | 教导 |
| 教条 | 疗效 | 潦草 | 渺小 | 瞧瞧 | 侨胞 | 巧妙 | 逃跑 |
| 抽空 | 抽屉 | 抽象 | 稠密 | 筹备 | 筹建 | 仇恨 | 绸子 |
| 丑恶 | 斗争 | 斗志 | 豆腐 | 豆浆 | 豆子 | 否定 | 否决 |
| 否认 | 否则 | 钩子 | 勾结 | 沟通 | 构成 | 构思 | 构想 |
| 悲哀 | 卑鄙 | 北方 | 背包 | 背后 | 贝壳 | 倍数 | 备用 |
| 被动 | 吹牛 | 垂直 | 摧残 | 翠绿 | 脆弱 | 堆积 | 兑换 |
| 队伍 | 对岸 | 非常 | 飞船 | 肥料 | 匪徒 | 诽谤 | 废除 |
| 贲门 | 本门 | 本身 | 本分 | 本金 | 本心 | 濒临 | 缤纷 |

| 沉闷 | 沉浸 | 沉稳 | 春分 | 春心 | 纯真 | 蠢人 | 村镇 |
| 存根 | 存身 | 寸阴 | 分身 | 纷纭 | 粉尘 | 愤恨 | 奋进 |
| 昂扬 | 帮忙 | 帮腔 | 榜样 | 仓皇 | 沧桑 | 苍凉 | 苍茫 |
| 猖狂 | 常常 | 厂长 | 厂房 | 厂商 | 畅想 | 唱腔 | 创伤 |
| 闯将 | 当场 | 党章 | 荡漾 | 方向 | 放荡 | 放养 | 刚强 |

### 2. 读准 eng、ing、ong、iong

（1）eng/ing:ong/iong

| 成功 | 称颂 | 称雄 | 成虫 | 承重 | 奉送 | 耕种 | 亨通 |
| 惊动 | 惊恐 | 精通 | 警钟 | 敬重 | 净重 | 轻松 | 冷冻 |
| 凌空 | 零用 | 灵通 | 领空 | 萌动 | 能动 | 蓬松 | 凭空 |
| 行宫 | 形容 | 行动 | 行踪 | 英雄 | 英勇 | 应用 | |

（2）ong/iong:eng/ing

| 冲锋 | 崇敬 | 憧憬 | 洪峰 | 龙灯 | 聪明 | 动静 | 工程 |
| 工龄 | 功能 | 恭敬 | 供应 | 公证 | 共鸣 | 送行 | 送命 |
| 通风 | 通行 | 通病 | 通明 | 童声 | 同等 | 同盟 | 同情 |
| 凶猛 | 凶横 | 勇猛 | 永恒 | 永生 | 用兵 | 中型 | 忠诚 |

### 3. 前鼻韵母与后鼻韵母的对比练习

| 近邻 jìnlín | 濒临 bīnlín | 萌生 méngshēng |
| 叮咛 dīngníng | 增长 zēngzhǎng | 澄清 chéngqīng |
| 呻吟 shēnyín | 封面 fēngmiàn | 命令 mìnglìng |
| 门诊 ménzhěn | 深沉 shēnchén | 辛勤 xīnqín |
| 承蒙 chéngméng | 声称 shēngchēng | 经营 jīngyíng |
| 赠送 zèngsòng | 证明 zhèngmíng | 森林 sēnlín |
| 痕迹 hénjì | 横行 héngxíng | |

信服 xìnfú——幸福 xìngfú

金鱼 jīnyú——鲸鱼 jīngyú

红心 hóngxīn——红星 hóngxīng

频繁 pínfán——平凡 píngfán

人民 rénmín—人名 rénmíng

陈旧 chénjiù——成就 chéngjiù

深思 shēnsī——生丝 shēngsī

申明 shēnmíng——声明 shēngmíng

审视 shěnshì——省市 shěngshì

亲生 qīnshēng——轻声 qīngshēng

4．绕口令练习

（1）粉红墙上画凤凰，先画一个红凤凰，再画一个黄凤凰。黄凤凰上面画上红，红凤凰上面画上黄，红凤凰成了红黄凤凰，黄凤凰成了黄红凤凰。粉红墙上分不清，哪个是红凤凰，哪个是黄凤凰。

（2）红红和公公一起晒谷种。谷种重背不动，累得公公腰像一张弓，抬得红红脸儿红。红红喊冬冬，冬冬帮公公，红红、冬冬、公公一起晒谷种。

（3）冬冬和锋锋，晴空放风筝。冬冬放蜻蜓，锋锋放雄鹰。迎面空中起东风，蜻蜓、雄鹰乘风行。

# 第三节 声调辨正训练

要想学好普通话，除了学好声母、韵母外，更重要的是声调的学习。各方言与普通话在声调上存在很大的差异，所以，声调是学好普通话的关键。

普通话有四种基本调型：高平调，中升调，降升调，高降调。调值是声调的实际读音，为了把调值描写得具体、直观，通常采用"五度标记法"来表示调值，如图 1-1 所示。

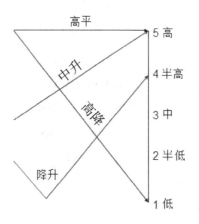

图 1-1 "五度标记法"

调类是声调的分类。一种语言里有几个不同的声调，就有几个不同的调类。在普通话里，共有四个调类，称为阴平、阳平、上声、去声。

调值为 55 的，归为一类，叫阴平，例如"春天"；调值为 35 的，归为一类，叫阳平，例如"纯洁"；调值为 214 的，归为一类，叫上声，例如"粉笔"；调值为 51 的，归为一类，叫去声，例如"备课"。四种调类俗称一声、二声、三声、四声。

在方言中虽然也有四个调类，可是调值与普通话的差别很大。要想读准每一个调值，讲好普通话，必须了解方言中的调值与普通话之间的差别。

**1. 方言中阴平调值缺陷**

阴平的调值为 55，又高又平，但方言区的人，要么发得不够高（发成 44），要么发得不够平（发成 54）。

**2. 方言中阳平调值缺陷**

阳平是中升调，调值为 35。不少人将普通话阳平音节，往往读得不够高，读成 34 的调值，甚至有的人读成 344 的调值。

**3. 方言中上声调值缺陷**

上声是降升调，调值为 214。方言中大部分人将 214 的调值读成 211，有的人读普通话上声时，降不下，升不高。

**4. 方言中去声调值缺陷**

去声是高降调，调值为 51。特点是从最高 5 度降到最低 1 度，也是 4 种调值中下降幅度最大的一种。去声在方言中大多也读降调，只是降的始点有高有低，但相同的是下降幅度都很小。因此，不少人受方言的影响，在读普通话去声时，调值往往很短。或始点低于 5 度，有的读成 31，有的读成 21；或尾音下降不到 1 度，有的读成 53，有的读成 42。

【课后练习】

1. 双音节同调训练

（1）阴平—阴平。

| | | |
|---|---|---|
| 商标 shāngbiāo | 开车 kāichē | 欢呼 huānhū |
| 资金 zījīn | 丰收 fēngshōu | 突出 tūchū |

（2）阳平—阳平。

| | | |
|---|---|---|
| 牛羊 niúyáng | 兰陵 lánlíng | 文学 wénxué |
| 人才 réncái | 习俗 xísú | 循环 xúnhuán |

（3）上声—上声。

| | | |
|---|---|---|
| 洗澡 xǐzǎo | 举手 jǔshǒu | 导体 dǎotǐ |
| 水果 shuǐguǒ | 简短 jiǎnduǎn | 许可 xǔkě |

（4）去声—去声。

| | | |
|---|---|---|
| 路面 lùmiàn | 快去 kuàiqù | 创造 chuàngzào |
| 现在 xiànzài | 地震 dìzhèn | 夜校 yèxiào |

## 2. 双音节异调训练

（1）阴平—阳平。

| | | |
|---|---|---|
| 新闻 xīnwén | 青年 qīngnián | 非常 fēicháng |
| 科学 kēxué | 丘陵 qiūlíng | 方言 fāngyán |

（2）阴平—上声。

| | | |
|---|---|---|
| 金属 jīnshǔ | 多少 duōshǎo | 星体 xīngtǐ |
| 标本 biāoběn | 高雅 gāoyǎ | 发展 fāzhǎn |

（3）阴平—去声。

| | | |
|---|---|---|
| 科技 kējì | 书面 shūmiàn | 拍摄 pāishè |
| 督促 dūcù | 压迫 yāpò | 脱落 tuōluò |

（4）阳平—阴平。

| | | |
|---|---|---|
| 时间 shíjiān | 提出 tíchū | 难听 nántīng |
| 台阶 táijiē | 云梯 yúntī | 浮雕 fúdiāo |

（5）阳平—上声。

| | | |
|---|---|---|
| 浏览 liúlǎn | 良好 liánghǎo | 没有 méiyǒu |
| 雄伟 xióngwěi | 球场 qiúchǎng | 狭窄 xiázhǎi |

（6）阳平—去声。

| | | |
|---|---|---|
| 沉重 chénzhòng | 疲倦 píjuàn | 怀念 huáiniàn |
| 狂妄 kuángwàng | 流畅 liúchàng | 谈话 tánhuà |

（7）上声—阴平。

| | | |
|---|---|---|
| 股东 gǔdōng | 厂家 chǎngjiā | 老翁 lǎowēng |
| 可惜 kěxī | 解剖 jiěpōu | 导师 dǎoshī |

（8）上声—阳平。

| | | |
|---|---|---|
| 语言 yǔyán | 美元 měiyuán | 紧急 jǐnjí |
| 女儿 nǚ ér | 否决 fǒujué | 腐蚀 fǔshí |

（9）上声—去声。

| | | |
|---|---|---|
| 朗诵 lǎngsòng | 简要 jiǎnyào | 脑力 nǎolì |
| 恳切 kěnqiè | 喜悦 xǐyuè | 转变 zhuǎnbiàn |

（10）去声—阴平。

| | | |
|---|---|---|
| 用心 yòngxīn | 召开 zhàokāi | 内科 nèikē |
| 电灯 diàndēng | 窃听 qiètīng | 印刷 yìnshuā |

（11）去声—阳平。

下旬 xiàxún　　　　　　谢绝 xièjué　　　　　　富强 fùqiáng

确实 quèshí　　　　　　化学 huàxué　　　　　　质疑 zhìyí

（12）去声—上声。

刻苦 kèkǔ　　　　　　　物理 wùlǐ　　　　　　　破产 pòchǎn

带领 dàilǐng　　　　　　饲养 sìyǎng　　　　　　外语 wàiyǔ

**3. 读准下列绕口令**

**黄毛猫偷吃红糖包（阴平、阳平）**

王家有只黄毛猫，偷吃汪家红糖包，

汪家打死王家的黄毛猫，

王家要汪家赔黄毛猫，

汪家要王家赔红糖包。

**珍珍绣锦枕（阴平、阳平、上声）**

珍珍绣锦枕，绣枕用金针，双蝶枕上争，

珍珍的锦枕赠亲人。

**梁木匠和梁瓦匠（阴平、阳平、上声、去声）**

梁木匠，梁瓦匠，俩梁有事齐商量，

梁木匠天亮晾衣裳，梁瓦匠天亮量高粱，

梁木匠晾衣裳受了凉，

梁瓦匠量高粱少了粮，

梁瓦匠思量梁木匠受了凉，

梁木匠谅梁瓦匠少了粮。

**小柳和小妞（阴平、阳平、上声）**

路东住着刘小柳，路南住着牛小妞，

刘小柳拿着大皮球，牛小妞抱着大石榴，

刘小柳把大皮球送给牛小妞，

牛小妞把大石榴送给刘小柳。

**拖拉机（阴平、阳平、去声）**

一台拖拉机，拉着一张犁，

拖拉机拉犁犁翻地，翻地翻得深又细，

拖拉机出的力，犁翻的地，

你说是犁犁的地，还是拖拉机翻的地？

**铜钉和铜板（阴平、阳平、上声、去声）**

铜钉和铜板，铜钉钉铜板，铜板钉铜钉，

钉钉铜，铜钉钉。

**老史捞石（阴平、阳平、上声、去声）**

老师老是叫老史去捞石，

老史老是没有去捞石，老史老是骗老师，

老师老是说老史不老实。

# 第二章

# 音变

    我们在说话或朗读的时候，不是孤立地把一个个音节发出来，而是把一连串的音节组成的词或句子说出来。相邻的音节在语流中难免互相影响，产生语音变化，这种语音变化被称为音变。要想讲好普通话，除了发准声母、韵母、声调外，还必须注意普通话里的音变现象。

    普通话的音变主要包括变调、轻声、儿化、语气助词"啊"的音变。

# 第一节 变调

普通话的音节连续发出时，其中有些音节的调值会受到后面音节的影响，从而发生改变，这种现象叫变调。在普通话的四个声调中，阴平、阳平、去声的变化并不显著，变化最显著的是上声以及一些具体的字词，如"一"、"不"等。

## 一、上声的变调

上声单念或放在词语末尾时，声调不变。以下几种情况，上声要变调。

**1. 上声在非上声（阴平、阳平、去声）前，变为半上，即调值由214变为211**

在阴平前：北方　　　响声　　　产生　　　转机

　　　　　始终　　　累积　　　海滨　　　广播

在阳平前：海洋　　　祖国　　　选择　　　散文

　　　　　语言　　　普及　　　阐明　　　改良

在去声前：准确　　　采用　　　巩固　　　处分

　　　　　法律　　　感谢　　　整顿　　　朗诵

**2. 两个上声相连，前一个上声变为阳平，调值为35**

　　　　　美好　　　主讲　　　领导　　　采取

　　　　　把手　　　勇敢　　　语法　　　野草

　　　　　手指　　　旅馆　　　总理　　　雨水

**3. 三个上声相连，应先以词或语节为单位分成二一结构或一二结构**

（1）二一结构中，前两个音节变阳平，调值35。

产品好　　讲演稿　　展览馆　　管理组　　整理好　　勇敢者

（2）一二结构中，第一个音节变半上，调值211；第二个音节变阳平，调值35；第三个音节不变调。

小组长　　好导演　　纸雨伞　　厂党委　　纸老虎　　女选手

（3）如果四个以上的上声相连，也以词或语节为单位先分成若干部分，再按以上规律变调。

产品 | 展览　　岂有 | 此理

我很 | 了解你

我有 | 两把 | 小雨伞

## 二、"一"、"不"的变调

### （一）"一"的变调

1. 在普通话里，"一"的本调是阴平，调值是 55；"一"在单念，在词句末尾，表示序数、基数时，读本调

一班　　　　第一名　　　　友谊第一　　　　一、二、三

2."一"在去声前变阳平，调值35

一定　　一样　　一遍　　一刻　　一日　　一向
一再　　一概　　一件　　一道　　一份　　一味

3."一"在非去声（阴平、阳平、上声）前变去声，调值为51

（1）在阴平前。

一心　　一天　　一身　　一颗　　一通
一般　　一边　　一生　　一端　　一朝

（2）在阳平前。

一行　　一群　　一名　　一瓶　　一席
一同　　一条　　一时　　一团　　一齐

（3）在上声前。

一曲　　一早　　一举　　一首　　一桶
一尺　　一种　　一碗　　一所　　一朵

4."一"夹在重叠动词中间读轻声

写一写　　看一看　　走一走　　动一动
笑一笑　　听一听　　说一说　　比一比

### （二）"不"的变调

1."不"在单念，在句末时，在非去声（阴平、阳平、上声）之前读原调去声
单念或在词句末尾：不，我就不。

在阴平前：不公　　不惜　　不休　　不依
在阳平前：不曾　　不行　　不时　　不平
在上声前：不止　　不好　　不想　　不管

2."不"在去声前由去声变为阳平

不孝　　不适　　不在　　不配　　不善
不论　　不错　　不断　　不屑　　不料

3. "不"夹在词语中间读轻声

差不多　　好不好　　挡不住　　打不开

行不行　　写不写　　来不及　　用不着

【课后练习】

1. 上声的变调训练

（1）在阴平字前。

表彰　　　普通　　　紧张　　　产生　　　比拼

讲师　　　主观　　　火车　　　柳州　　　老师

（2）在阳平字前。

感情　　　散文　　　美人　　　选择　　　以前

普及　　　舞台　　　本能　　　旅行　　　理由

（3）在去声字前。

保证　　　表面　　　敏锐　　　整个　　　美丽

假设　　　感谢　　　巩固　　　掌握　　　抵制

（4）两个上声字相连。

审美　　　只好　　　理解　　　水果　　　感染

导演　　　所以　　　甲板　　　打倒　　　品种

（5）三个上声字相连。

耍笔杆　　　　草稿纸　　　　小海鸟　　　　水彩笔

选举法　　　　冷处理　　　　马场长　　　　好总理

2. "一"、"不"的变调训练

一瞬　　　一概　　　一天　　　一家　　　一面

一再　　　一头　　　一端　　　一旁　　　一本

不安　　　不成　　　不止　　　不啻　　　不禁

不平　　　不许　　　不怕　　　不妙　　　不满

一尘不染　　　一往无前　　　　一丝不苟　　　　一成不变

不顾一切　　　说一不二　　　　不露声色　　　　不求甚解

3. 朗读下面的片段和诗词，读准变调的地方

（1）有一朵蒲公英长大了，妈妈就送给他一把雪白雪白的小伞。妈妈说："去飞吧。"蒲公英不好意思地说："我……我不会飞呀。"妈妈说："不会就去学嘛。"于是，蒲公英离开妈妈去学飞了。

（2）养鸟是我的一个癖好。

（3）有只小猪长得胖头胖脑，走起路来一晃一摇。大家瞧不起他，叫他笨笨猪。

（4）

题秋江独钓图

（清）王士祯

一蓑一笠一扁舟，一丈丝纶一寸钩。

一曲高歌一樽酒，一人独钓一江秋。

# 第二节　轻声

在一连串音节组成的词或句子里，某一些音节失去它原有的声调，读得又轻又短，这种现象叫作轻声。例如，"子"的声调为上声，但在"凳子"一词中，"子"就变成轻声了。

## 一、轻声的作用

### 1. 轻声具有区别词义的作用

东西（重轻）泛指各种具体、抽象的事物。

东西（重重）方向，指东边和西边。

妻子（重轻）指的是男人的配偶。

妻子（重重）指的是妻子和儿女。

兄弟（重轻）专指弟弟。

兄弟（重重）指哥哥和弟弟两个人。

### 2. 轻声具有区别词性的作用

地道（重轻），形容词，纯正的。

地道（重重），名词，地下通道。

大意（重轻），形容词，疏忽。

大意（重重），名词，主要的意思。

对头（重轻），名词，对手，仇敌。

对头（重重），形容词，正确，合适。

## 二、读轻声的词

1. 结构助词"的、地、得",动态助词"着、了、过",语气助词"吧、嘛、呢、啊、吗、了"等

例如:红的　我的　愉快的　打得好　慢慢地说着　走了　来过　走哇　好吧
　　　来呀　是吗　怎么呢　同志啊　快点儿嘛

2. 构成名词的虚语素"子、巴、头",量词"个"以及代表多数的"们"和代词中的"么"

例如:儿子　石头　尾巴　锅巴　他们　什么　这个

3. 用在名词、代词后面表示方位的语素或词"上、下、里、边"等

例如:天上　地下　屋里　右边　花园里　广场上

4. 附在动词后边的趋向动词"去、来、开"等

例如:出去　进来　躲开　下去　说起来　转过来　走出去

5. 单音节动词或名词重叠后面的一个音节;双音节动词重叠,每个词的后一个音节

例如:说说　写写　谢谢　宝宝　妈妈　休息休息　研究研究

6. 部分双音节单纯词第二个音节

例如:玻璃　骆驼　啰嗦　疙瘩　葡萄

7. 一些常用的普通双音节词,第二个音节习惯上读轻声

例如:关系　眼睛　规矩　学生　大夫　便宜　客气

【课后练习】

1. 读准下列词语的轻声音节

| | | | | |
|---|---|---|---|---|
| 白净 | 包涵 | 拨弄 | 簸箕 | 打点 |
| 打发 | 打量 | 灯笼 | 提防 | 动静 |
| 干事 | 骨头 | 寡妇 | 胡琴 | 活泼 |
| 脊梁 | 记号 | 夹子 | 精神 | 空子 |
| 口袋 | 痢疾 | 连累 | 麻利 | 模糊 |
| 痞子 | 片子 | 亲家 | 晌午 | 实在 |
| 拾掇 | 舒坦 | 爽快 | 思量 | 算计 |
| 挑剔 | 铁匠 | 小气 | 秀才 | 养活 |
| 招牌 | 字号 | | | |

2. 读准下面的绕口令

## 集体装在心里头

小铁头，小柱头，学习英雄有劲头。

放学后，抬砖头，跑了东头跑西头。

抬砖头，几筐头，送到猪场砌墙头。

墙头高，过人头，乐得他俩直点头。

人人夸，小哥俩："集体装在心里头。"

## 小车拉石头

大车拉小车，

小车拉石头。

石头掉下来，

砸了小脚趾头。

## 簸秕谷子

簸了谷秕子簸秕谷子。

先簸谷秕子，

后簸秕谷子。

会簸谷秕子，

必会簸秕谷子。

不会簸谷秕子，

必不会簸秕谷子。

## 大嫂子和大小子

一个大嫂子，

一个大小子，

大嫂子跟大小子比包饺子，

看是大嫂子包的饺子好，

还是大小子包的饺子好。

再看大嫂子包的饺子少，

还是大小子包的饺子少。

大嫂子包的饺子又小又好又不少，

大小子包的饺子又小又少又不好。

三哥三嫂子

三哥三嫂子，

请借给我三斗三升酸枣子。

等我明年上山摘了酸枣子，

再如数奉还三哥三嫂子

还三斗三升酸枣子。

# 第三节　儿化

## 一、儿化的特点

普通话单独读 er 的字非常少，常用的只有"儿"、"而"、"二"、"耳"、"尔"等几个。但 er 这个音可以同其他韵母结合起来，改变原来韵母的读音，成为一种卷舌的韵母，这种语音现象叫儿化。儿化了的韵母就叫儿化韵。儿化韵的"儿"不是一个单独的音节，而是在一个音节的末尾附加的卷舌动作，使这个音节因儿化而发生音变。如"花儿"，就是发韵母 ua 的同时，在 a 的基础上加上一个卷舌动作而发出来的音。儿化音节虽然用两个汉字表示，但并不是两个音节，读的时候要念成一个音节，拼写的时候，只需在原来的韵母的后面加上一个 r 即可，如"花儿"写成 huar。

## 二、儿化的作用

### 1. 儿化具有区别词性的作用

有些词本来属于动词或形容词，儿化后便成为名词。例如：

画（动词）　　　画儿（名词）

盖（动词）　　　盖儿（名词）

活（形容词）　　活儿（名词）

包（动词）　　　包儿（名词）

### 2. 儿化具有区别词义的作用

例如：

眼（眼睛）　　　眼儿（小孔）

头（脑袋）　　　头儿（领头的）

信（书信）　　　信儿（消息）

后门（后面的门）　　后门儿（非正常途径）

3. 表示细小、亲切喜爱或轻蔑的感情色彩

例如：

| | | | | |
|---|---|---|---|---|
| 小孩儿 | 小鸟儿 | 竹棍儿 | 带儿 | 树枝儿 |
| 小球儿 | 细丝儿 | 小狗儿 | 脸蛋儿 | 小嘴儿 |

这算什么人儿呀！

## 三、个别儿化词的特殊音变现象

gěr       gè

自个儿——两个

mèir      mí

迷儿——谜语

jiànr      jiān

中间儿——中间

piānr     piàn

相片儿——相片

rènr      shèn

桑葚儿——桑葚

húr      hé

核儿——核桃

## 四、该不该读儿化的三种情况

1. 有"儿"儿化：词尾"儿"要读儿化的

例如：一块儿、一会儿、哪儿、这儿、干活儿、盖盖儿。

2. 有"儿"不"化"：词尾"儿"不读儿化的

这种情况多出现在诗歌、歌词、散文等文学语言中，"儿"读轻声。例如：

风儿云儿 花儿红鸟儿叫

弯弯的月亮小小的船小小的船儿两头尖

我要把最美的歌儿献给你

3. 无"儿"儿化：词尾没有"儿"字，也要读儿化的

有些词语若不儿化，就听着别扭，不成词。以下"*"前的字儿化。例如：

| | | | | | | | |
|---|---|---|---|---|---|---|---|
| 小人*书 | 老头 | 小孩 | 玩*命 | 贪玩 | 黄花*鱼 | 纳闷 | 份*饭 | 冰棍 |
| 人缘 | 顺杆*爬 | 没味 | 饭馆 | 玩意 | 黄牌*警告 | 名牌 | 小白脸 | 大婶 |
| 伙伴 | 玩*完 | 娘俩 | 刘海 | 兔*爷 | 大伙（大家） | 嗓门 | 脸蛋 | 模特 |
| 一点 | 一对（配偶） | 对半 | | | | | | |

【课后练习】

1. 读准下列儿化词

| | | |
|---|---|---|
| 刀把儿 dāobàr | 号码儿 hàomǎr | 戏法儿 xìfǎr |
| 在哪儿 zàinǎr | 找茬儿 zhǎochár | 打杂儿 dǎzár |
| 板擦儿 bǎncār | 名牌儿 míngpáir | 鞋带儿 xiédàir |
| 壶盖儿 húgàir | 小孩儿 xiǎoháir | 加塞儿 jiāsāir |
| 快板儿 kuàibǎnr | 老伴儿 lǎobànr | 蒜瓣儿 suànbànr |
| 脸盘儿 liǎnpánr | 脸蛋儿 liǎndànr | 收摊儿 shōutānr |
| 栏杆儿 lángānr | 包干儿 bāogānr | 笔杆儿 bǐgǎnr |
| 门槛儿 ménkǎnr | 药方儿 yàofāngr | 赶趟儿 gǎntàngr |
| 香肠儿 xiāngchángr | 瓜瓤儿 guārángr | 掉价儿 diàojiàr |
| 一下儿 yīxiàr | 豆芽儿 dòuyár | 小辫儿 xiǎobiànr |
| 照片儿 zhàopiānr | 扇面儿 shànmiànr | 差点儿 chàdiǎnr |
| 一点儿 yīdiǎnr | 雨点儿 yǔdiǎnr | 聊天儿 liáotiānr |
| 拉链儿 lāliànr | 冒尖儿 màojiānr | 坎肩儿 kǎnjiānr |
| 牙签儿 yáqiānr | 露馅儿 lòuxiànr | 心眼儿 xīnyǎnr |
| 鼻梁儿 bíliángr | 透亮儿 tòuliàngr | 花样儿 huāyàngr |
| 脑瓜儿 nǎoguār | 大褂儿 dàguàr | 麻花儿 máhuār |
| 笑话儿 xiàohuar | 牙刷儿 yáshuār | 一块儿 yīkuàir |
| 茶馆儿 cháguǎnr | 饭馆儿 fànguǎnr | 火罐儿 huǒguànr |
| 落款儿 luòkuǎnr | 打转儿 dǎzhuànr | 拐弯儿 guǎiwānr |
| 好玩儿 hǎowánr | 大腕儿 dàwànr | 蛋黄儿 dànhuángr |
| 打晃儿 dǎhuàngr | 天窗儿 tiānchuāngr | 烟卷儿 yānjuǎnr |
| 手绢儿 shǒujuànr | 出圈儿 chūquānr | 包圆儿 bāoyuánr |
| 人缘儿 rényuánr | 绕远儿 ràoyuǎnr | 杂院儿 záyuànr |
| 刀背儿 dāobèir | 摸黑儿 mōhēir | 老本儿 lǎoběnr |
| 花盆儿 huāpénr | 嗓门儿 sǎngménr | 把门儿 bǎménr |
| 哥们儿 gēmēnr | 纳闷儿 nàmènr | 后跟儿 hòugēnr |
| 高跟儿鞋 gāogēnrxié | 别针儿 biézhēnr | 一阵儿 yīzhènr |
| 走神儿 zǒushénr | 小人儿书 xiǎorénrshū | 大婶儿 dàshěnr |
| 杏仁儿 xìngrénr | 刀刃儿 dāorènr | 钢镚儿 gāngbèngr |
| 夹缝儿 jiáfèngr | 脖颈儿 bógěngr | 提成儿 tíchéngr |

| | | |
|---|---|---|
| 半截儿 bànjiér | 小鞋儿 xiǎoxiér | 旦角儿 dànjuér |
| 主角儿 zhǔjuér | 跑腿儿 pǎotuǐr | 一会儿 yīhuìr |
| 耳垂儿 ěrchuír | 墨水儿 mòshuǐr | 围嘴儿 wéizuǐr |
| 走味儿 zǒuwèir | 打盹儿 dǎdǔnr | 胖墩儿 pàngdūnr |
| 砂轮儿 shālúnr | 冰棍儿 bīnggùnr | 没准儿 méizhǔnr |
| 开春儿 kāichūnr | 小翁儿 xiǎowēngr | 瓜子儿 guāzǐr |
| 石子儿 shízǐr | 没词儿 méicír | 挑刺儿 tiāocìr |
| 墨汁儿 mòzhīr | 锯齿儿 jùchǐr | 记事儿 jìshìr |
| 针鼻儿 zhēnbír | 垫底儿 diàndǐr | 肚脐儿 dùqír |
| 玩意儿 wányìr | 有劲儿 yǒujìnr | 送信儿 sòngxìnr |
| 脚印儿 jiǎoyìnr | 花瓶儿 huāpíngr | 打鸣儿 dǎmíngr |
| 图钉儿 túdīngr | 门铃儿 ménlíngr | 眼睛儿 yǎnjīngr |
| 蛋清儿 dànqīngr | 火星儿 huǒxīngr | 人影儿 rényǐngr |
| 毛驴儿 máolúr | 小曲儿 xiǎoqǔr | 痰盂儿 tányúr |
| 合群儿 héqúnr | 模特儿 mótèr | 逗乐儿 dòulèr |
| 唱歌儿 chànggēr | 挨个儿 āigèr | 打嗝儿 dǎgér |
| 饭盒儿 fànhér | 在这儿 zàizhèr | 碎步儿 suìbùr |
| 没谱儿 méipǔr | 儿媳妇儿 érxífur | 梨核儿 líhúr |
| 泪珠儿 lèizhūr | 有数儿 yǒushùr | 果冻儿 guǒdòngr |
| 门洞儿 méndòngr | 胡同儿 hútòngr | 抽空儿 chōukòngr |
| 酒盅儿 jiǔzhōngr | 小葱儿 xiǎocōngr | 小熊儿 xiǎoxióngr |
| 红包儿 hóngbāor | 灯泡儿 dēngpàor | 半道儿 bàndàor |
| 手套儿 shǒutàor | 跳高儿 tiàogāor | 叫好儿 jiàohǎor |
| 口罩儿 kǒuzhàor | 绝招儿 juézhāor | 口哨儿 kǒushàor |
| 蜜枣儿 mìzǎor | 鱼漂儿 yúpiāor | 火苗儿 huǒmiáor |
| 跑调儿 pǎodiàor | 面条儿 miàntiáor | 豆角儿 dòujiǎor |
| 开窍儿 kāiqiàor | 衣兜儿 yīdōur | 老头儿 lǎotóur |
| 年头儿 niántóur | 小偷儿 xiǎotōur | 门口儿 ménkǒur |
| 纽扣儿 niǔkòur | 线轴儿 xiànzhóur | 小丑儿 xiǎochǒur |
| 顶牛儿 dǐngniúr | 抓阄儿 zhuājiūr | 棉球儿 miánqiúr |
| 加油儿 jiāyóur | 火锅儿 huǒguōr | 做活儿 zuòhuór |
| 大伙儿 dàhuǒr | 邮戳儿 yóuchuōr | 小说儿 xiǎoshuōr |
| 被窝儿 bèiwōr | 耳膜儿 ěrmór | 粉末儿 fěnmòr |

**2. 与搭档练习趣味对话**

### 儿化（趣味对话）

甲：要学好普通话，发音很重要。

乙：说得对。

甲：比如，普通话里的儿化，就需要特别注意。

乙：什么是儿化呀？

甲：比如说，在外面见到你了："小孩儿，上哪儿玩儿去呀？"

乙：我怎么成小孩儿了？

甲：打比方，不是真的。

乙：好，再来一次。

甲："小孩儿，上哪儿玩儿去呀？"

乙："我上胡同口儿买一根儿冰棍儿。"

甲：你看，这里头的小孩儿、哪儿、玩儿、口儿、根儿、棍儿，都儿化了。

乙：这就是儿化呀！我看不用儿化也行。

甲：恐怕不行。

乙：怎么不行？

甲：好，我们再来表演表演。

乙：开始吧。

甲："小孩！"

乙：这是日本人的说法。

甲："你上哪玩去呀？"

乙：还是个大舌头，"我上胡同口买一根冰棍"。

甲：好大的冰棍——少说也有这么长。

乙：听着是不舒服。儿化音既然这么好听，说话的时候，干吗不都儿化呀？

甲：都儿化也不行。

乙：怎么不行？

甲：好，我问你："你是哪国人儿？"

乙：我是韩国人儿。

甲：你去哪儿？

乙：我去天安门儿。

甲：你怎么去呀？

乙：我坐"嘀嘀儿"。

甲：好嘛，真成小孩儿了。

资料来源：邢捍国. 实用普通话水平测试与口才提高[M]. 广州：暨南大学出版社，2007.

### 3．绕口令练习

（1）小姑娘儿，红脸蛋儿，清早起来梳小辫儿。又擦胭脂儿又抹粉儿，画上两片儿红嘴唇儿。粉红袄儿，疙瘩襻儿，活里儿活面儿的小坎肩儿。大花儿的裙裤儿真丝绸儿，鹿皮的皮靴儿擦红油儿。

（2）　　　　　小哥儿俩

小哥儿俩，红脸蛋儿，胖乎乎儿，一块玩儿。

小哥儿俩，一个班儿，一路上学，唱着歌儿。

学造句儿，一串串儿，唱小曲儿，一段段儿。

学画画儿，不贪玩儿。画小猫儿，钻圆圈儿；

画小狗儿，蹲小庙儿；画小鸡儿，吃小米儿：

画个小虫儿，顶火星儿。小哥儿俩，一股劲儿，

努力学习，不分心儿。这一对儿，小哥儿俩，

真是父母，好宝贝儿。

（3）　　　　　练字音儿

进了门儿，倒杯水儿，

喝了两口儿运运气儿，

顺手儿拿起小唱本儿，

唱一曲儿，又一曲儿，

练完嗓子练嘴皮儿。

绕口令儿，练字音儿

还有单弦儿牌子曲儿，

小快板儿，大鼓词儿，

越说越唱越带劲儿。

# 第四节　语气助词"啊"的音变

语气词"啊"单独念"ɑ"；用在句子末尾时，由于受到前面音节末尾音素的影响，常常发生语音变化。

**1.** 前面音节的末尾音素是 a、o（ao、iao）、e、ê、i、ü 时，读"ya"，可以写作"呀"，也可以写作"啊"。

真的是他呀？

是我呀！

快点儿喝呀！

你写不写呀！

快洗呀！

好大的雨呀！

**2.** 前面音节的末尾音素是 u、ao、iao、ou 时，读 wa，可写作"哇"，也可写作"啊"。

谁在哭哇？

他的话讲得可真好哇！

她的手可真巧哇！

还不快走哇！

**3.** 前面音节的末尾音素是 n 时，读 na，可写作"哪"，也可写作"啊"。

快看哪！

我正说你们哪！

上面的山哪！

要拿出你的真心哪！

**4.** 前面音节的末尾音素是 ng 时，读 nga，仍写作"啊"。

这篇文章真长啊！

你这么做不行啊！

你哭有什么用啊！

你快听啊！

**5.** 前面音节的末尾音素是舌尖前元音 -i 时，读[z]a，仍写作"啊"。

这是你写的字啊！

你来了几次啊？

不好意思啊！

**6.** 前面音节的末尾音素是舌尖后元音 -i 时，读作 ra，仍写作"啊"。

不要浪费纸啊！

他真是个好老师啊！

你快点吃啊！

【课后练习】

**1. "啊"的变调练习**

（1）等你回家呀！

（2）还要再上一个坡呀！

（3）还这么小哇！

（4）他跳得真高哇！

（5）这件事可不简单哪！

（6）买这么多冷饮哪！

（7）小点儿声啊！

（8）人民教师真光荣啊！

（9）这是第几次啊！

（10）什么了不起的事啊！

**2. 读下列选段，注意"啊"的音变**

（1）你快瞧这幅画儿啊，上面的山啊，水啊，树啊，房子啊，田野啊，画得多像啊。看啊，那画面上的小孩儿玩得多欢啊！还有牛啊，羊啊，猪啊，鸡啊，鸭啊，都跟活的似的，这画儿画得可真好啊！

（2）他这时高兴得不知说什么好啊！他还说什么呢？人类的语言的确有不够表达情感的时候……生宝觉得生活多么有意思啊！太阳多红啊！天多蓝啊！庄稼人多可爱啊！他心里产生了一种向前探索的强烈欲望。

**3. 朗读文章《桂林山水》，注意文中"啊"的音变**

### 桂林山水

人们都说："桂林山水甲天下。"我们乘着木船，荡舟漓江，来观赏桂林的山水。

我看见过波澜壮阔的大海，欣赏过水平如镜的西湖，却从没看见过漓江这样的水。漓江的水真静啊，静得让你感觉不到它在流动；漓江的水真清啊，清得可以看见江底的沙石；漓江的水真绿啊，绿得仿佛那是一块无瑕的翡翠。船桨激起的微波扩散出一道道水纹，才让你感觉到船在前进，岸在后移。

我攀登过峰峦雄伟的泰山，游览过红叶似火的香山，却从没看见过桂林这一带的山。桂林的山真奇啊，一座座拔地而起，各不相连，像老人，像巨象，像骆驼，奇峰罗列，形态万千；桂林的山真秀啊，像翠绿的屏障，像新生的竹笋，色彩明丽，倒映水中；桂林的山真险啊，危峰兀立，怪石嶙峋，好像一不小心就会栽倒下来。

这样的山围绕着这样的水，这样的水倒映着这样的山，再加上空中云雾迷蒙，山间绿树红花，江上竹筏小舟，让你感到像是走进了连绵不断的画卷，真是"舟行碧波上，人在画中游"。

# 第三章

# 朗读的要求和技巧

　　朗读在许多领域都发挥着它独特的作用。朗读是帮助我们理解和欣赏作品的有效方式，是宣传教育的有力工具，也是学好普通话和提高普通话语音水平的重要途径。幼儿教师应高度重视学习朗读。

# 第一节 朗读的要求

## 一、什么是朗读

朗读是把文字作品转化为有声语言的一项再创造活动，是朗读者在深入理解作品的基础上，通过富有艺术感染力的声音，把作品的内容准确、鲜明、生动、形象地传达给听众，也就是借助语言形式，清晰响亮、绘声绘色地表达作品思想内容的语言活动。

朗读既是一种人们学习和欣赏书面作品的重要方式，也是人们感受汉语音乐美、节奏美的最佳方式之一。同时，它作为一种综合的语音训练，对逐步掌握普通话语音系统，形成熟练运用普通话的技能，具有非常重要的作用。尤其对于未来的幼儿教师而言，朗读是其必不可少的基本技能之一。幼儿园的许多教学内容都需要用朗读来完成。

## 二、朗读的要求

### 1. 深入理解作品

读好一篇作品，首先要深入地理解作品，把握作品的主题思想、层次结构和语言风格，了解作品的背景和作者的情况。

朗读者在朗读作品前，应尽可能充分地了解作品的形成背景，从而把握住作者的创作意图，把握住作者的情感源泉，这样朗读时才能做到与原作合拍，语音、语调、朗读技巧的处理才能做到真实自然。

主题是作品的灵魂，就像一首乐曲的主旋律一样，是整个作品的精神核心。要深入理解作品，至关重要的是把握作品的主题。找准了主题，就等于掌握了作品的脉搏。有的作品主题突出，易于把握；也有的作品主题不甚显露，因而需要朗读者反复阅读，准确领会。例如，童话故事《狐狸与葡萄》中塑造了一位为了小狐狸能吃到葡萄而牺牲自己的狐狸妈妈的伟大形象，文中充满了浓浓的母爱。在朗读时，要注意体现妈妈对孩子的慈爱之情，而不要把狐狸塑造成传统中狡猾的形象。

在了解写作背景，把握作品主题的基础上，朗读者要恰当地确定朗读的感情基调。基调是指作品的基本情调，也就是作品感情色彩的一种综合体现。确定感情基调就是要求朗读者把握作品的总的感情色彩，并确定好自己的情感态度。不同的作品有不同的感情基调，或庄重或诙谐，或欢快或悲哀，或亲切或严肃。朗读者只有从作品的人物、事件或作者的倾向及语言风格等方面去认真揣度，才能恰当地把握住作品的基调。

### 2. 吐字清晰准确

朗读既然是靠声音来再现文字作品的，朗读者应做到吐字清晰，把每一个音发完整、发充分，使每个字都能清晰真切地传入听者耳中，使听者听起来不费力，这样才能清楚地再现作品的思想感情。

朗读除了做到吐字清晰，还必须做到语音标准规范。正确是朗读的根本。正确地朗读，要求发音准确。这就要求我们在朗读作品前，认真地解决每个字、每个词的声母、韵母、声调、音变等问题。做到不错读，不漏读，不增读。

### 3. 语句流畅

在做到正确朗读的同时，还要做到流畅地朗读。朗读要求把语句读得明白流畅，干净利落，条理清晰。即不顿读，不读破句子，不断读，不带口头禅，而且能根据作品内容确定合适的朗读速度。

### 4. 语调和谐

语调和谐是指朗读时能恰当运用各种朗读技巧，停顿有节、轻重适度、节奏鲜明、抑扬顿挫地传情达意。同样一首诗，语调把握得当，会读得有声有色，真切感人，而不善于运用语调，增强声音的感染力。

【课后练习】根据朗读的要求，进行有感情的朗读练习

#### 骄傲的孔雀

孔雀很美丽，可是很骄傲。只要看到谁长得漂亮，他就抖动羽毛，展开尾巴，炫耀自己的美丽。

有一天，孔雀昂着头，挺着胸脯，拖着美丽的长尾巴，沿着湖边散步。树上的花喜鹊很有礼貌地向他问好，他理也不理。

忽然，孔雀发现湖里有一只鸟，跟他一模一样，十分漂亮。他立刻停住脚步，展开尾巴。那美丽的尾巴抖动着，像一把五彩洒金的大扇子。谁知湖里的那只鸟也停住脚步，展开尾巴。那美丽的尾巴也抖动着，像一把五彩洒金的大扇子。

骄傲的孔雀有点生气了，他睁大了圆圆的眼睛，抖了抖头上的翎毛。湖里的那只鸟也睁大了圆圆的眼睛，抖了抖头上的翎毛。骄傲的孔雀可真的生气了，他昂着头，挺着胸脯，向前迈了一大步，没想到一下子跌进湖里去了。

孔雀不会游泳，他在湖里挣扎了半天，好不容易抓住了一个树根，爬上岸来，他回头朝湖里看看，这回可高兴了：湖里的那只鸟，浑身也湿淋淋的，还在发抖呢！

树上的花喜鹊"咯咯"地笑起来。孔雀看了花喜鹊一眼，不高兴地说："丑喜鹊，你笑什么！"花喜鹊拍拍翅膀，说："骄傲的孔雀，湖里的那只鸟就是你自己的影子啊！你骄傲得连自己也看不起了！"

资料来源：陈秋敏.教师口语[M]. 重庆：重庆大学出版社，1998.

# 第二节　朗读的技巧

朗读要想收到好的效果，必须在对朗读作品深刻理解的基础上，运用合适的朗读技巧。朗读的技巧实际上就是抑、扬、顿、挫、轻、重、缓、急在语音上的运用。朗读的基本技巧主要包括停连、重音、语气、节奏、语速等。

## 一、停连

停指停顿，连指连接。停顿和连接是有声语言的"标点符号"。在朗读中，为表情达意的需要，声音中断和休止就是停顿；有标点符号而声音不中断不休止的就是连接。停连既是生理上换气的需要，也是表情达意的需要。合理的停连，可增加有声语言的影响和魅力，具有节奏感。同时，还可以给听者以理解、思考、回味作品内容的机会。停顿，只是声音的暂时休止，不是思想感情的中断。

停连可以分为语法停连和强调停连两类。

### （一）语法停连

语法停连是指反映词句间的语法关系，显示语法结构的停连。例如：

我看见／他笑了。

我看见他／笑了。

可见，停连的位置不同，显示的语法关系和结构也不同。语法停连又可分为以下两种。

#### 1．句逗停连

标点符号是书面语的重要组成部分，在口语中则需要用停顿来表示。停顿时间的长短，一般由标点类型来决定。标点符号停顿的时间由短到长一般依次是：顿号、逗号、分号、冒号、句号、问号、叹号。但有时由于语气、感情的需要，停顿时间也可延长或缩短，或不停顿。例如：

大猴子听见了，／跑过来一看，／也跟着叫起来：／"糟啦，糟啦，月亮掉到井里啦!"这个句子中，冒号的停顿时间应跟前两个逗号差不多。而两个"糟啦"则需要连读不能停顿，以表现猴子吃惊着急的情态。

#### 2．语组停连

语组停连，是指在没有标点符号的地方，按照词语间语法关系所作的停连。词组停顿比句逗停顿的时间要短些。一般来说，主谓之间，动宾之间，定、状、补与中心语之间都可以停顿。例如：

小孔雀／有苗条的／身材、漂亮的／五彩衣，大家／都叫她孔雀公主。新年的／第一天，孔雀公主的时装店／正式开张了。

### （二）强调停连

强调停连是为了突出或强调某一特殊的意思所作的停连，又叫逻辑停连。它不受语法的限制，而是依据表情达意的需要来决定停连的位置和时间。它可表示某种特殊的语意，还可显现出它前后连接部分的某种特殊的关系。

#### 1．表现语句中的区分关系

例如：

喜鹊／第一个看见，它想：自己的蛋／是椭圆形的，这蛋／不是自己的。

从上句中可以看出，区分性停连可以使语意表达清晰、明确。

#### 2．表现语句中的呼应关系

例如：

她们看到／那儿的灯／像一串串玲珑的项链，放射着红的、蓝的、绿色的光芒。

这句话中，"看到"是"呼"，"那儿的灯像一串串玲珑的项链，放射着红的、蓝的、绿色的光芒"是"应"。因此，在"看到"后面的停顿要延长些。同时，为了突出这一呼应关系，"放射着""蓝的""绿色的"前是逗号或顿号，朗读时注意要缩短停顿，连起来读。

#### 3．表现语句中的并列关系

例如：

这回风姑娘不再拘束了，她在果园里欢快地走着。一会儿／摸摸苹果的脸，一会儿／又摸摸梨子的脸；一会儿／摸摸葡萄的脸，一会儿／摸摸西瓜的脸。瓜果们都很舒服，很开心，眨眼儿工夫就长得像脸盆这么大了。

这段话中，四个"一会儿……"是并列关系，因此，在四个"一会儿"后面都要做时间相同的停顿。

#### 4．表现语句中的转换关系

例如：

风姑娘懒懒地躺在山沟里不肯出去走走，／但是，／听到大家对棕熊的夸奖心里有点嫉妒。

这句话中，"但是"之前的转换性停顿时间稍长，"但是"之后的停顿要适当缩短。

## 二、重音

重音是指朗读中要着重强调的某些词、短语、句子。重音与停顿一样，都是正确表达思想，抒发感情的重要手段。

重音放在何处，应根据句子的结构和表达的需要而定，这就是平时说的语法重音和逻辑重音两种类型。

### （一）语法重音

根据语法结构的特点而处理的重音叫语法重音。这类重音往往是自然重读，并不表示特殊的思想感情。例如：

（1）老师已经告诉我们了。（谓语重读）

（2）我们的家乡越来越美丽。（定语重读）

（3）可爱的小鸟和善良的水手成了朋友。（宾语重读）

（4）他提的建议好极了。（补语重读）

### （二）逻辑重音

由于表达需要，特意突出某种意义或某种感情而对相关词语进行的重读处理叫逻辑重音。它的位置并不固定，而是由说话的人根据所要强调的语意安排的。例如：

（1）你是高职校的学生。（别人不是）

（2）你是高职校的学生。（怎么能说不是呢）

（3）你是高职校的学生。（不是职业中专的）

（4）你是高职校的学生。（不是老师）

重音还有一种表现形式是轻读，即在需要强调的地方，非但不加强重音，反而有意识使音量轻于一般程度，以此突显语义。这种形式多用来表达极为复杂的思想感情或用于创造温馨、静谧、甜美的气氛。例如：

到了晚上，风姑娘悄悄地问棕熊，"大家都说我是有颜色有甜味的风，真是这样吗？"棕熊笑笑，没有回答。

**【练一练】根据标注朗读下文，注意体会重音的运用**

### 狼和小羊

有一天，一条狼和一只小羊同时来到一条小溪边喝水。狼在上游，羊在下游。狼发现了小羊，便跑到小羊跟前，说道："你为什么要把我的水弄脏，害得我不能喝？你安的什么心？"

小羊吃了一惊，温和地说："你在上游，而我在下游。我怎么会把你的水弄脏呢？"

狼气冲冲地说："就算这样吧，你总是个坏家伙！我听说，去年你在背地里说我的坏话！"

"啊！亲爱的狼先生，那是不会有的事，去年我还没有出世哪！"可怜的小羊喊道。

狼不想再争辩了，就龇着牙逼近小羊，大声嚷道："你这个小坏蛋！说我坏话的不是你，就是你爸爸，反正都一样。"说着就往小羊身上扑去。

这个故事告诉我们：人们存心要干凶恶残酷的坏事情，那是很容易找到借口的。

资料来源：青岛市教委职业技术教育教研室.普通话教程[M]. 青岛：青岛出版社 2002.

## 三、语气

语气是指一句话中能够表达说话人感情和态度的音调。作品中的语句总是要表达一定的思想感情，总是带有某种感情色彩，语句的感情色彩主要通过声音气息的变化表现出来的。人的思想感情非常细腻，因而表达感情色彩的语气也丰富多彩，正所谓：

爱则气徐声柔，如：我爱妈妈。

憎则气旺声硬，如：我恨你。

喜则气满声扬，如：我们能吃很多很多甜甜的瓜果了！

悲则气沉声抑，如：唉，太惨了！

怒则气粗声重，如：你给我滚！

惊则气提声颤，如：你，你怎么来了？

急则气短声促，如：糟啦，糟啦，月亮掉到井里啦！

冷则气少声淡，如：啊，我早就知道了。

朗读时，传达各种语气的主要方式，是句调抑扬升降的变化。句子的语气可以概括为下列四种类型。

### 1. 升调"↗"

一般用来表示疑问、反问、设问、号召、命令等语气，表达惊异、愤怒、欣喜、惊慌等情绪。这种调子大都由低到高，句尾语势上升。例如：

（1）是谁叫他呢？

（2）你安的什么心？

（3）瞧，这果园多好！

（4）瓜果们都很舒服，很开心，眨眼儿工夫就长得像脸盆这么大了。

（5）起来！不愿做奴隶的人们！

2．降调"↘"

常用来表示肯定、感叹、请求、祝愿等语气，表达坚决、自信、沉重、赞叹等情绪。句调大都由高而低，语势逐渐下降。例如：

（1）多可爱的小生灵啊！（感叹）

（2）今天的风真是艳丽，你说得对，你看看桃花迎风开放，我觉得风是红色的。（肯定）

（3）小牛见了，对他说："你大概不会吃西瓜吧？我来教你吧。"（请求）

（4）它深信乌云遮不住太阳——是的，遮不住的！（自信）

3．平调"→"

常用来表示叙述、说明的语气，表达严肃、沉稳、淡漠、迟疑等情绪。这种调子平稳正常，没有明显的高低变化。例如：

（1）这时候，月亮爬上了山顶，就像一条弯弯的小船，船上有一个仙女和一只小白兔。（叙述）

（2）想从我这里发洋财，是想错了。（鄙视、冷淡）

4．曲调"↗↘"

调子先降后升，或先升后降，语势有明显的曲折变化。常用来表示讽刺、幽默、夸张、含蓄、狡猾等语气，表达某种特殊而复杂的思想感情。例如：

（1）狐狸眼珠骨碌碌一转，说："噢，你们是怕分得不公平吧，让大婶来帮你们分。"（狡猾）

（2）美呀，千佛山！（赞叹）

（3）这些海鸭呀，享受不了生活和战斗的欢乐：轰隆隆的雷声就把它们吓坏了。（讽刺）

## 四、节奏

节奏，是朗读者思想感情的起伏在朗读过程中显现出来的抑扬顿挫、轻重缓急。节奏一般是就一篇作品的整体而言的，贯穿作品的始终。但也并非绝对，在一篇作品中，节奏往往是以一种类型为主，其他类型渗透其中。确定朗读的节奏主要是依据作品的内容和表达的思想感情。

从语气语调来看，节奏的类型大致可分为 6 种。

（1）轻快型：语调轻快活泼，语速稍快，多上升语势。例如：《春》。

（2）凝重型：语调凝重，语速适中，语势较平。例如：《最后一课》。

（3）低沉型：语调沉缓，语速较慢，语势下降。例如：《卖火柴的小女孩》。

（4）高亢型：语调高昂，语速偏快，多为上升语势。例如：《海燕》。

（5）舒缓型：语调轻松明朗，语速较慢，语势轻柔舒展，多为上升类。例如：《济南的冬天》。

（6）紧张型：语调紧促，语速较快，多为上升语势。例如：《飞夺泸定桥》。

## 五、语速

语速即语言的速度，也就是快慢，主要由语句所表达的思想内容和思想感情的变化来决定。

一般来说，语言速度的快慢可以根据气氛、人物性格、人物心情、体裁等方面有所变化。

一是区别气氛。用快速表示热烈、欢快、紧张、恐怖气氛，用慢速表示宁静、庄重、沉闷、凄凉气氛。

二是区别人物性格。年轻人说话，开朗活泼、勇敢机智或狡猾奸诈者讲话宜快读；老年人说话，诚实淳朴、沉着镇定或愚昧迟钝者的讲话宜慢读。

三是区别人物心情。心情愉快欢畅或紧张焦急时说的话速度较快，心情沉重悲哀或表示缅怀悼念之情的话速度较慢，抨击、痛斥敌人时语速则应加快。

四是区别体裁。抒情性强的诗文，语速不宜过快；慷慨激昂的文章和激情奔放的诗歌，语速不宜过慢。

【范例】

老狐狸坐在椅子上，正哄着小狐狸睡觉（叙述语言，用中速），忽然，"哗啦啦"，天花板塌了，差点把小狐狸给压死。"这鬼房子可不能再住了，"老狐狸推醒小狐狸，"快起来，快起来，我们呀要搬家了。"（情况紧急，要用快速）

老狐狸拉着小狐狸一起来到森林里找房子，只见狗獾的家有两个洞口，一大一小又干净又通风，哎，正好可以住下两家。（表叙述，用中速）"哎呦，这房子好像就是为我造的"，狐狸自言自语地说着。"喂，狗獾大叔，让我搬进去住吧，让我处处照顾你，时时爱护你，做你的，哎……亲密邻居吧？啊？"（为了表现狐狸的狡猾，要用稍快的语速）"不行，不行，"（狗獾着急，宜用稍快的语速）狗獾皱起眉头说，"你的身上有股臭味，怎么能住进来呢？"（狗獾憨厚，所以要用慢速来表现）"哼！不行也要住"，小狐狸像他妈妈一样蛮横。老狐狸听着还不住点头呢，这一来狗獾可要发火了。他连推带拉地将两只狐狸赶出房门。老狐狸心想："哼！等着瞧吧，我一定要搬进去住!"（为了体现小狐狸和他妈妈的蛮横狡诈，必须要用较快的语速）

资料来源：蜡烛姑娘. ISRC CNE010730200. 上海：中国唱片上海公司.

【课后练习】运用合适的朗读技巧，朗读故事

### 唱歌比赛

森林里举行唱歌比赛，小鸡、小鸭、小狗、小羊、小猫都来参加比赛，它们请小白兔当裁判。

第一个上台表演的是小鸡，小鸡唱道："叽叽叽，叽叽叽。"小白兔说："不行不行，小鸡唱得太轻了。"

第二个上台的是小鸭，小鸭唱道："嘎嘎嘎，嘎嘎嘎。"小白兔说："不行不行，小鸭唱得太响了。"

第三个上台的是小狗。小狗唱道："汪汪汪，汪汪汪。"小白兔说："不行不行，小狗唱得太快了。"

第四个上台的是小羊，小羊唱道："咩——咩——咩——，咩——咩——咩——。"小白兔说："不行不行，小羊唱得太慢了。"

最后上台的是小猫，小猫不慌不忙地唱道："喵喵喵，喵喵喵。"小白兔说："小猫唱得真好，声音不轻也不响，速度不快也不慢。小猫应该得第一名，小猫是冠军。"

资料来源：王旭昌.语言表达[M].青岛：青岛出版社，2012.

### 月亮船

有一次，大风吹呀吹，吹了三天三夜。一朵小小的蒲公英被吹到了一个很远的地方。风停了，蒲公英睁开眼睛一看，啊，这是什么地方？陌生的树，陌生的小河，陌生的路，四周的高山像一个个巨人在看着她。"大山，大山，请你告诉我回家的路。"蒲公英大声地喊着。"大山，大山，请你告诉我回家的路。"高山就这样回答她。

天色渐渐黑了，迷路的蒲公英小姑娘急哭了。一只蟋蟀从洞里伸出两根长须说："噢，别，别，别，别哭，别哭，听我唱歌你会笑的。""不，我不要听，我要回家。"蒲公英说。"噢，来来来，看我跳舞你会高兴的。"一只螳螂跳起了威武的大刀舞。"不，不，不，我不要看，我要回家，我要妈妈。""那，我来把你送回家去吧。"一只老蜗牛要蒲公英骑在他的硬壳上。"不，我不要骑，你太慢了。"蒲公英撩起她白色的羽毛裙擦了擦眼泪。

这时候，月亮爬上了山顶，就像一条弯弯的小船，船上有一个仙女和一只小白兔。在月光下，仙女看见了躺在田野上的蒲公英。"可怜的孩子，你怎么了，好像病了？"快嘴的蟋蟀抢着说："她，她不过是迷了路，她想回家。""别怕孩子，坐上我的船，我送你回家，你的家在哪儿呢？""真的？"蒲公英笑了，能坐上一条月亮船，这可不是每个孩子都能遇到的好事啊。蒲公英高兴地唱了起来，那是妈妈教她的一支歌。"我的家在世界的东方，那儿有最大的海，那儿有最高的山，那儿有最长的墙，那儿有最宽的广场。""好

啦，我明白了，请上船吧。""那，那我怎么上来呢？""快，快抓住我的尾巴。"小白兔把它的短尾巴伸到船外。噢，多奇怪呀，尾巴越变越长，一直拖到地上，把蒲公英带上了月亮船。噢，月亮船上可以看到全世界，那是一个闪着蓝光的美丽星球。"瞧，瞧，最大的海，"蒲公英激动地看见了世界上最大的海洋。"那叫太平洋。""噢，最高的山，最高的山。""那是喜马拉雅山。""快到家了，快到家了。"蒲公英高兴地喊了起来。

月亮船在云海里开得飞快。突然，地面上出现一片亮光，蒲公英仔细一看，"噢，那不是最宽的广场吗？""是的，"仙女说，"这就是天安门广场。"她们看到那儿的灯像一串串玲珑的项链，放射着红的、蓝的、绿色的光芒。蒲公英看到了世界上最长的墙——万里长城了。"停，停停停，这就是我的家。"蒲公英喊了起来，"我就生长在长城下一棵小草旁。"仙女吻了吻蒲公英："再见了孩子，你的家就是中国，记住，叫中国。"仙女的月亮船又驶进云海里去了。"再见，仙女！"蒲公英仰起头，在她的花瓣上，有几滴泪珠在闪着银光。

资料来源：燕子姐姐讲新故事 3. ISRC CN-E01-02-435-00/A·I. 上海：中国唱片上海公司.

# 第四章
# 讲故事训练

　　爱听故事是每一位孩子的天性，故事讲述能带给孩子多姿多彩的精神世界。故事可以解答幼儿的疑惑，促进幼儿身心的成长，让他们懂得什么是真善美，什么是假恶丑。所以幼儿教师必须要学会讲故事的技能和技巧。

# 第一节　讲故事概述

　　讲故事就是把别人编的和自己编的故事用口语绘声绘色地讲出来。它是幼儿教师在幼儿语言课中最常见的授课形式，也是幼儿教师必须具备的基本技能之一。

## 一、讲故事的作用

　　幼儿园时期是幼儿语言成熟的重要时期，选择合理的语言教学方式，如运用技能、技巧讲故事，可以促进幼儿的语言发展。故事是幼儿生活的需要，是孩子生活中的"语言教师"。

### 1．故事有助于幼儿心理健康

　　幼儿在社会中属于一个弱势群体，对同为弱势群体的主人公的同情是他们喜爱这类故事的重要原因。这就是说，能够引起幼儿产生同情心的故事能给他们带来情感的共鸣。例如，幼儿听了凶残的动物欺负小动物的故事，就会对故事中的小动物产生强烈的同情心，这种仇视强暴、同情弱小的心理对于一个心理健康的人而言是必须具有的。

### 2．故事有助于幼儿的品德教育

　　学前期儿童正处于发展成长时期，由于经验不足，是非辨别能力差，又好模仿，所以要形成良好的道德品质和行为习惯，只用口头说教是难于达到的。而儿童故事集中、典型地反映现实生活，以活生生的形象反映思想感情，是非鲜明，感染力强，所以通过故事内容本身来对幼儿进行教育，要比任何形式的干巴巴的说教力量大得多。例如，《拔萝卜》使孩子知道了"团结起来力量大"的道理；《孔融让梨》教会了孩子们"谦让是美德"。

### 3．故事有助于促进幼儿语言、智力的发展

　　儿童故事中的语言，都是经过作家提炼、净化的文学语言，对幼儿有着艺术感染力量。幼儿在听故事的过程中，不断地学习故事中的规范系统语言、丰富词汇。他们也会学习用适宜的语气讲故事、用形象的动作表演故事，从而在语言表达能力、情景表现能力和思维创新能力等方面获得锻炼与发展。

### 4．故事有助于提高幼儿的审美能力

　　故事分为很多种，有生活故事、寓言故事、科幻故事、童话故事等。它们通过丰富的想象、幻想和夸张来塑造形象，反映生活，幼儿通过故事可以形成初步的审美能力。

## 二、讲故事的特点

### 1. 教育性

讲故事是幼儿园进行思想教育的一个重要渠道，它可以给幼儿以启发，净化幼儿的心灵，让他们懂得什么是真善美，什么是假恶丑。讲故事还为幼儿认识世界、了解世界提供了广阔的平台。例如：《渔夫和金鱼的故事》让孩子们懂得了贪心会导致一无所有的道理。《萝卜回来了》让孩子们明白遇事应多为朋友着想。

### 2. 趣味性

有趣的故事才能够吸引幼儿的注意，才能让幼儿融入到故事当中，并受益于故事。例如，很多孩子刚入园时，情绪非常不稳定。但当老师用亲切的语言，选择有针对性的故事讲给孩子们听时，孩子就不再想家，而是被故事中有趣的情节深深吸引。

### 3. 表演性

讲故事要求声情并茂，语言要有一定的夸张性和艺术表演性。语言要抑扬起伏、张弛有度，并辅之恰当的面部表情和身姿手势，使故事形象栩栩如生、活灵活现，达到良好的艺术效果。

### 4. 创造性

讲述者可以在理解、熟记故事情节的基础上，融入自己的再创造。为使故事材料更适合自己的风格，讲述更吸引人、感动人，可对材料进行增减，使之优美动听。

【课后练习】

思考：怎样讲下述这则故事才能引起小朋友的兴趣？

### 香喷喷的轮子

一只小松鼠在草地上散步，被四个圆溜溜，散发着香味的巧克力豆绊了个大跟头。

小松鼠将四颗巧克力豆当作车轮安装在自己的小汽车上，开着小汽车在田野里跑。

太阳光太强，都快把小鸡晒晕了。小松鼠看见了，连忙卸下个巧克力车轮，在两边系上带子，给小鸡做了两顶太阳帽。小鸡感激地说："谢谢你，小松鼠。"

小松鼠把小汽车改成了两轮摩托车，又往前跑，看见一位老爷爷，他衣服上的纽扣掉了一个。小松鼠又把一个巧克力车轮送给老爷爷当纽扣。老爷爷笑眯眯地说："谢谢你，小松鼠。"

小松鼠又把摩托车改成独轮车，推车在草地上继续走。小松鼠觉得饿了，他把最后一个巧克力车轮吃了，"吧嗒吧嗒"吃得真香。

没有了车轮，小松鼠只好自己扛着车厢走。忽然，它看见前面有一辆特别漂亮的小汽车，上面写着："送给可爱的小松鼠！"小松鼠开心极了！

资料来源：王旭昌.语言表达[M].青岛：青岛出版社，2012.

# 第二节　讲故事的基本要求

故事人人都能讲，但是有的人讲故事非常吸引人，大家都爱听；而有的人讲故事，却让人感觉索然无味。由此可见，能讲故事与会讲故事是完全不同的。要想讲好故事，必须从以下几个方面着手。

## 一、要有一颗"童心"

在幼儿园里，故事是讲给幼儿听的。作为讲述者，要从孩子的心理角度出发，与故事中的"人物"同欢乐共受难，才会使故事更生动更形象。

## 二、熟悉故事

要想讲好故事，必须在理解故事的基础上，熟练地背过故事。给幼儿讲故事时，不应照着书念，因为念书不利于思想感情的表达，影响教育效果。

幼儿故事一般不长，故事内容是容易记住的。因此，在讲故事前一定要有准备，根据故事的中心思想和重点熟悉故事，把故事的情节和主要对话记熟，同时要想好怎么讲，但不一定把每句都背出来。在故事情节和主要对话不随便改动的情况下，用口语化的语言去讲，会讲得更生动，更能吸引幼儿。

## 三、对故事做适当调整

故事侧重于事件过程的描述，强调情节的生动和连贯，比较适合口头讲述，也易于被听众接纳。但是，讲故事者选择故事时仍然要兼顾听者的年龄、身份、阅历等因素，让听者能够听得懂，喜欢听。如果故事讲完了，听故事的人根本没有明白故事讲了什么，或没有兴趣，那就是一次失败的讲述。而有的故事或语言过于书面化，或故事情节过于复杂，或主题偏多偏深，在这种情况下，就要求讲述者将故事进行适当改动，重新组织语言，使其更适合幼儿。例如：

1.《乌鸦喝水》（原文）

一只乌鸦口渴了，到处找水喝。乌鸦看见一个瓶子，瓶子里有水。可是瓶子里水不多，瓶口又小，乌鸦喝不着水，怎么办呢？乌鸦看见旁边有许多小石子，想出办法来了。乌鸦把小石子一个一个地放进瓶子里。瓶子里的水渐渐升高，乌鸦就喝着水了。

2.《乌鸦喝水》（改编）

一个炎热的下午，有一只乌鸦口渴了，到处找水喝。可是，这地方有好几个星期都没下雨，乌鸦常去喝水的那些水坑和池塘都干裂了。

后来，它看见一所房子的后门外放着一个瓶子，瓶子里有水。可是，瓶子里水不多，瓶口又小，乌鸦把头伸进去，却够不着水。怎么办呢？乌鸦很着急。

乌鸦想：也许我用嘴可以把瓶子口的上端啄破。可是，它试了一会儿，嘴都啄疼了，瓶口却一点儿也没有破。乌鸦又想：也许我可以把瓶子推倒，那水不就流出来了吗？于是，它使出全身力气去推瓶子，可瓶子纹丝不动。这下乌鸦可真着急了。它急躁得跳来跳去。突然，乌鸦看见不远处有许多小石子。"啊，我知道该怎么办了！"乌鸦叼起一颗小石子，飞起来把小石子投进瓶子里。它来来回回，把一个又一个小石子扔进瓶子里。瓶底渐渐堆满了石子，瓶子里的水越升越高，乌鸦终于喝着清凉的水了。

资料来源：幼儿教师普通话训练. ISRC CNG070000210. 重庆：西南师范大学音像出版社.

两个不同版本的故事《乌鸦喝水》，一个版本的故事语言枯燥无味，如果讲给孩子们听，很多孩子都不感兴趣，另一个版本在忠于原作的基础上，对故事稍加改动，把乌鸦拟人化，这个故事立马就生动有趣了。这样讲给孩子们听，孩子们相对来说就会感兴趣。

对故事稍作调整的目的在于使材料更加故事化，说起来易于上口，听起来便于接受，增强故事的吸引力。

## 四、表情动作辅助

幼儿教师给幼儿讲故事，不仅要把人物、情节讲清楚，还要学会运用形象语言、表情和手势来表现人物形象。这样可以增强故事的表现力，帮助幼儿理解故事，并给幼儿一种亲切感。运用态势语讲故事时，动作一定要自然、贴切，千万不要生硬、做作，手势和动作幅度要小，面部表情要明确。

【范例】

快快和好

田鼠妈妈有两个调皮的娃娃，一个叫尖嘴巴，一个叫短尾巴，它们在一起总是叽里呱啦吵个没完。田鼠妈妈没办法，让它们出去各自安家。（**先是喜爱的表情，再皱眉轻轻摇头**）

尖嘴巴说："哼，我再也不想见到你，真讨厌！"短尾巴说："哼，别让我再碰到你，真烦人。"（生气的样子）说完，它们一个在大树的东面，一个在大树的西面各挖了一个长长的地洞安下了家。

住在自己家里，找不到说话的伙伴，多难受啊！（失落的表情）

一个不太冷的日子里，它们爬出洞，碰到一起，又吵了起来。尖嘴巴说："我挖到一个大土豆，把它当做墙……"短尾巴说："我也挖到一个大土豆，我也有'土豆墙'……"（注意争吵时的表情）

回到洞里，尖嘴巴心里后悔极了，本来我们住在一起挺好的，干嘛要斗嘴？短尾巴也一个劲的埋怨自己，本来我们睡在一起，晚上都可以说话，干嘛要打架呢？哎，还是吃土豆吧！（无奈后悔的表情）

吃着吃着，它们碰到了一起。两个小家伙和好了，它们滚到一起，可亲热了！（高兴的表情）

资料来源：王旭昌.语言表达[M].青岛：青岛出版社，2012.

提示：在讲这个故事时，要把两只田鼠吵架的场面表现出来，注意表情动作的变化。最后两只田鼠和好了，应在表情上稍作夸张。

## 五、确定讲故事的语气和音色

要讲好故事，语言必须准确、清晰、生动，声音的高低快慢一定要符合情节和人物性格。区别故事中的叙述语言和人物语言，并注意两者之间的转换。故事作品是多角色的，要运用不同的音色、语调把角色区别开来。

【范例】

### 笨笨猪

有只小猪长得胖头胖脑，走起路来一晃一摇。大家都瞧不起他，叫他笨笨猪。（"胖头胖脑"、"一晃一摇"语气要夸张，"笨笨猪"要一字一顿）

一天，笨笨猪看到路边有个大苹果，张嘴就吃了。（"大苹果"、"张嘴"用夸张语气更生动形象）

走不多远，前面又有一个，他又吃了。（"他又吃了"中的"又"要重读）

笨笨猪走一路吃一路，一连吃了好几个。（语气轻快、上扬）他想，这些大苹果一定是从天上掉下来的。（"掉"语调拖长，表现笨笨猪的得意之情）

忽然，树丛中蹿出一只大老虎，一把捉住了笨笨猪。（情况紧急，语速快）大老虎咧咧嘴，乐呵呵地说："好哇，一顿多美的午餐哪！"（要把老虎捉住笨笨猪后的得意之情表现

出来，注意老虎的语气特点）

"啊，我真笨，这苹果原来是大老虎设下的圈套呀。"（语速慢，表现笨笨猪的沮丧）

"哈哈，你这只笨笨猪，上了我的当了。"（**语速快，语调上升**）

"我不笨！"笨笨猪可不服气，"以前，我是最最聪明的！"（**"我不笨"语速加快，"以前"后可适当停顿**）

"那你怎么会笨了呢？"老虎感到奇怪地问。（**适当放慢语速，表示好奇**）

"是我嘴馋，吃了一条大笨蛇，就笨了。"（**一字一顿，语速慢，表现自己的懊悔，以迷惑老虎**）

大老虎一听，马上放开了笨笨猪，气呼呼地说："滚吧，我才不吃你这身笨肉，我不想变得像你一样笨。"（**为了表现大老虎的发怒，语速加快，语气加重**）

笨笨猪转身就跑了。从那以后，谁也不叫他笨笨猪了。而那大老虎呢，大家都叫他笨笨虎。（**语气轻松愉快**）

资料来源：睡前故事网 http://www.gushi88.cn/

**提示：**在讲这个故事时，要把握笨笨猪和大老虎的性格特点，运用不同的语气语调和语速快慢的调整等技巧，表现文中笨笨猪和大老虎情绪的变化，只有这样，才能给听众呈现一个生动有趣的故事。

**【课后练习】**

根据讲故事的要求，认真练习下述每一个故事，可以讲给同学听，还可以到幼儿园讲给孩子们听。

1. 先分析故事情节，确定故事的语气和音色。
2. 运用适当的态势语，把故事讲得生动有趣，绘声绘色。

### 孔雀开服装店

小孔雀有苗条的身材、漂亮的五彩衣，大家都叫她孔雀公主。新年的第一天，孔雀公主的时装店正式开张了。

瞧，孔雀时装店里有像太阳一样火红的马夹，雪花一样洁白的礼帽，又黑又亮的皮靴……

胖胖的小熊是第一位顾客。小熊左挑右拣还是拿不定主意，于是便请孔雀姐姐帮忙："孔雀姐姐，你穿的衣服真漂亮，你替我挑一件好吗？星期天我要和爸爸、妈妈一道去河马大婶家做客。"小孔雀瞟了小熊一眼，边嗑瓜子边说："你也不照照镜子，要身材没身材，要长相没长相……"她的话还没说完，小熊已气得抬脚跨出店门。

过了一会儿，小猴子也来买新衣服，她晚上要去参加奶奶的生日宴会。小猴子看看这件，摸摸那件，在身上不停地比试着，不知道选哪件才好。小孔雀不耐烦地说："选这么久，别把我的衣服摸脏了。瘦成这副样子，还想臭美？"小猴子气得大声嚷道："以后再也不来你这儿了！"说完气冲冲地走了。

森林里的小动物都知道小孔雀开了一家时装店，可谁也不敢去那里买衣服。时装店开张快一个月了，漂亮的衣服都蒙上了一层薄薄的灰尘。小孔雀不知道大伙儿为什么不来买衣服，就跑去请教森林里最有学问的大象伯伯。

大象伯伯语重心长地对小孔雀说："小孔雀，你总认为只有自己才是最美的，别人都长得难看。要知道爱美之心，人皆有之。你应该为每一位顾客热情服务，让他们都能买到称心如意的衣服。"小孔雀似乎明白了许多。

第二天，小孔雀起了个大早，把地板擦得锃亮，衣服也挂得整整齐齐，笑眯眯地站在门口迎接顾客。

大象伯伯带着小熊、小猴、小兔等来到店里，往日冷清的店里一下子热闹了起来。小孔雀笑容满面地在店里忙碌着：帮小熊挑了一件宽松大方的外套；为小猴挑了件红色的马夹；替小兔选了一条绿色的短裙；大象伯伯也看上了一顶会变色的礼帽。这下小熊苗条多了，小猴精神多了，小兔更漂亮了，大象伯伯也年轻了许多。看着穿得漂漂亮亮的伙伴们，小孔雀开心得合不拢嘴……

资料来源：六一儿童网 http://www.61ertong.com/

## 一串紫葡萄

在很久很久以前，狐狸妈妈带着她的孩子住在森林的山洞里。有一天小狐狸哭着说："妈妈，我肚子饿了。"狐狸妈妈说："孩子，你等着，妈妈去给你弄点好吃的来。"狐狸妈妈出去了，小狐狸待在洞里，等妈妈回来。可是等啊，等啊，妈妈老不回来。小狐狸饿得耐不住了，又哭起来。

狐狸妈妈到哪儿去了呢？原来，她要给她的孩子摘一串葡萄。她跑呀跑呀，翻过一座山，又翻过一座山，再翻过一座山，才来到葡萄村。狐狸妈妈攀着葡萄藤，摘下一大串紫葡萄。她把葡萄叼在嘴上，就急急忙忙往回跑。她翻过一座山，又翻过一座山，再翻过一座山，眼看就要到家了。"我不在家的时候，孩子没被狼叼走吧！"狐狸妈妈心里正想着，忽然听到附近有狗叫的声音。"不好，猎人带着狗上山来了！"她扔下葡萄，一边跑，一边叫："孩子，危险，快逃！"小狐狸听到妈妈的喊声，立刻冲出山洞，躲进了林子里。小狐狸在林子里一直躲到半夜，才回到自己的山洞，可是妈妈没有回来。小狐狸到处找啊找啊，总不见妈妈的影子。

几年过去了，小狐狸长大了。有一天，他发现山洞附近的一棵树上绕着葡萄藤，葡萄藤上结满了一串串紫葡萄。"这儿怎么会有葡萄呢？"小狐狸觉得很奇怪。他摘下一串葡萄尝了一颗："哎呀，好甜，真好吃！"他咕噜咕噜吃起来。就在这时候，小狐狸突然想起妈妈亲切的声音："孩子，你等着，妈妈去给你弄点好吃的来。"小狐狸明白了这儿的葡萄是怎么长出来的。他深情地注视着葡萄藤，默默地说："妈妈，我是永远也不会忘记您的。"

资料来源：树语的博客 http://blog.163.com

### 有颜色有甜味的风

棕熊是只很勤劳的熊，他在山坡上开荒种树，建了个美丽的果园。无论谁走到这里，都会夸上几句："瞧，这果园多好，春天开彩色的鲜花，夏天结甜甜的果实，真想在这里住下了。"风姑娘懒懒地躺在山沟里不肯出去走走，但是听到大家对棕熊的夸奖心里有点嫉妒，她懊丧地对棕熊说："棕熊大哥，我真羡慕死你了，你有了这么美丽的果园，大家都喜欢你，可我无色无味，有时候还会给大家带来点儿痛苦。唉！还有谁愿意跟我这样的人交朋友呢？""快别这么说。"棕熊安慰着风姑娘，"只要你经常出去走走跟大家真诚相待，大家一定会喜欢你的。"

第二年春天，棕熊请大家到他的果园里游玩儿，当然也请了风姑娘。风姑娘有点拘束，她一声不响地跟在大家背后走着。啊！暖暖的阳光照着碧绿的果树，碧绿的果树开着彩色的花朵，大家玩得真开心。风姑娘难得出来走走，心里感到格外愉快，她生怕影响到大家的好情绪，不敢走得太猛也不敢走得太快，总是轻轻地柔柔地走着。突然，风姑娘听到大家在议论，梅花鹿说："啊！今天的风真好真舒服，绿叶随风摇摆，我觉得风是绿色的。"小绵羊说："今天的风真是艳丽，你说得对，你看看桃花迎风开放，我觉得风也是红色的。"风姑娘很高兴，她很感激棕熊，使她变成了有颜色的风。

一到夏天，棕熊又请大家到他的果园里来品尝瓜果，当然也请来了风姑娘。这回风姑娘不再拘束了，她在果园里欢快地走着，一会儿摸摸苹果的脸，一会儿又摸摸梨子的脸；一会摸摸葡萄的脸，一会摸摸西瓜的脸。瓜果们都很舒服，很开心，眨眼儿工夫就长得像脸盆这么大了。大家都欢呼起来："哎呀！我们能吃很多很多甜甜的瓜果了。""噢，今天的风也真好，吹在脸上我们都觉得甜丝丝儿的。"风姑娘高兴得手舞足蹈起来，她太感激棕熊了，感激他又使自己变成有甜味的风。

到了晚上，风姑娘悄悄地问棕熊，"大家都说我是有颜色有甜味的风，真是这样吗？"棕熊笑笑，没有回答。

资料来源：燕子姐姐讲新故事 3. ISRC CN-E01-02-435-00/A·I. 上海：中国唱片上海公司.

# 第三节 讲故事的态势语训练

态势语又称体态语,它是一种利用表情、眼神、手势、身姿等非语言因素配合有声语言传递信息,表情达意的言语辅助形式,是有声语言的重要辅助和补充。

讲故事的主要表现手段是讲和演。"演"就是讲述者运用自己的态势语,把故事生动形象地表现出来。

态势语在幼儿园的教育教学活动中具有重要的作用。幼儿的思维是以形象思维为主,在认识上也多是感性认识,教师如果在教学过程中能借助手势、表情、动作、眼神等肢体语言来帮助他们理解作品,那将会给他们留下深刻的印象,深受他们的欢迎。

## 一、态势语的基本要求

在讲述幼儿故事时,要注意以下几个问题。

### 1. 忌散

讲故事过程中,运用态势语要避免出现动作混乱的现象,一个动作做完,才能接着做下一个动作,尤其眼神不能散,眼神飘移,定不住位,会影响故事情感的表达;动作太散,态势语就起不到辅助的作用,还会对故事内容的传递起到干扰作用。特别是初学讲故事的幼教专业学生,眼神容易散,飘移不定。

### 2. 忌滥

受听故事对象的影响,在讲故事过程中,讲述者易出现动作过多的现象。因此,在讲故事的过程中,态势语的运用要得当,不能动作频繁,给人眼花缭乱的感觉。过多的手舞足蹈,往往会喧宾夺主,影响听众的注意力。例如:在讲"于是,燕子在前面飞,蒲公英在后面学。顶着风飞,冒着雨飞,飞过了高山,飞过了小河。飞呀,飞呀,一飞就飞到我家窗前的小花坛里了"这一小片段时,每一个小分句都有动作的话,会显得动作太多,太滥。

### 3. 忌俗

在讲故事的过程中,态势语的设计不能过于粗俗,轻佻的、低俗的动作会传递不当的信息,影响讲故事的顺利进行。例如:在讲故事中如果出现"抠鼻子,挖耳朵"的情节,就要淡化这些情节,而不要过于去表现。

### 4. 忌演

态势语是交际中的自然表现，是情感的外现，在讲故事的过程中，为了更好地表情达意，需要我们设计一些动作，但是过于夸张、矫揉造作的态势语，会给人产生"假"的感觉，从而影响故事的讲授。

## 二、态势语在讲故事中的运用原则

在讲故事中，态势语运用得体，会取得更好的效果，因此，教师要加强平日的修养，用心揣摩，在运用时才能增强口语表达效果。态势语在运用时，必须遵循自然、得体、大方、适度的原则。例如：在讲"忽然看见地上有一块儿干面包，捡起来闻闻，嘿，喷喷香"这句话时，应在讲"闻闻"后做出双手拿面包"闻"状，然后再看着幼儿，夸张地赞叹"嘿，喷喷香"。

## 三、态势语训练

态势语主要表现在三个方面，即面部表情、手势、身姿。

在讲故事时，面部表情要准确地表情达意，给人以美感，不能挤眉弄眼，令人生厌。面部表情针对听众的特点，要略带夸张，尤其是在给幼儿讲故事时，注意眼神要做到点视和环视相结合，让每个幼儿都能感觉到老师和他的交流。手势的幅度要小，要符合幼儿小手小脚的特点，并且，根据幼儿生理特点，手势要在身体的45度角，便于幼儿接受。讲故事可以站着，也可以坐着。站着讲故事，要抬头，挺胸，收腹，提臀，双脚呈丁字步站好，两肩稍稍后开，这样子会让人觉得有精神；坐着讲故事，坐在椅子的1/3处，抬头，挺胸，收腹，双腿并拢斜放在一侧，两手自然放在腿上。

总之，在讲故事时，运用态势语要和故事内容相吻合，既能形象地表达故事，又能吸引听众的注意。

【范例1】

### 蒲公英学飞

有一朵蒲公英长大了，妈妈就送给她一把雪白雪白的小伞。妈妈说："去飞吧。"蒲公英不好意思地说："我不会飞呀？"妈妈告诉她："不会就去学嘛。"于是，蒲公英离开妈妈去学飞了。（要把妈妈对孩子的爱通过语言和表情表现出来）

它遇见的第一个老师是一根蓝色的羽毛。蒲公英很有礼貌地说："蓝羽毛老师，我想跟您学飞。"蓝羽毛说："飞，飞还用学？你看，风儿一吹，我不就飞起来了？"果然，吹来一阵风，蓝羽毛就飞起来了。突然，风儿又停了，蓝羽毛又掉下来了，蒲公英没有

学会飞。（注意表现蓝羽毛的傲慢和蒲公英的有礼貌，在讲"又掉下来了"应表现出失落的表情）

它遇见的第二个老师是一只胖胖的老母鸡。蒲公英很有礼貌地说："老母鸡大婶，我想跟您学飞。"老母鸡说："飞，哦，多累呀，我早就不飞了。"说着，又卧在稻草上，闭上眼睛打起盹来。蒲公英又没有学会飞。（老母鸡慵懒的样子可以通过打哈欠、伸懒腰来表现）

她遇见的第三个老师是一只刚从北方飞来的燕子。蒲公英很有礼貌地说："燕子姐姐，我想跟您学飞。"小燕子虽然很累，但她还是很愿意帮助蒲公英。"好呀，我来教你吧。"于是，燕子在前面飞，蒲公英在后面学。顶着风飞，冒着雨飞，飞过了高山，飞过了小河。飞呀，飞呀，一飞就飞到我家窗前的小花坛里了。蒲公英就跟燕子说："谢谢你呀，燕子姐姐，我就在这儿安家了。"燕子说："好吧，那再见了，等你开花的时候我再来看你。"（用轻松愉快的语调表现出小燕子的积极向上，乐于助人）

现在呀，我家窗前的小花坛里，盛开着金灿灿的蒲公英，不信你来看看，她还会给你讲学飞的故事呢。（面带微笑，好像看到了盛开的蒲公英）

资料来源：燕子姐姐讲新故事3. ISRC CN-E01-02-435-00/A·I. 上海：中国唱片上海公司.

**提示：** 蒲公英谦虚好学，又有点儿不好意思，语速应适中，语气稍显拘谨，应用小孩的声音模仿。蓝羽毛傲慢，语调上升，声音尖、细、高，用年轻女性的声音模仿。老母鸡慵懒，声音宜粗，用中年女性的声音模仿。小燕子助人为乐，积极向上，声音轻快，可用中学生的声音模仿。

【范例2】

### 两只笨狗熊

狗熊妈妈有两个孩子，一个叫大黑，一个叫小黑。他们长得挺胖，可是都很笨，是两只笨狗熊。（先是喜爱的表情，讲到"可是"后要皱眉头）

有一天，天气真好，哥儿俩手拉着手一起出去玩儿。他们走着，走着，忽然（稍一停顿，瞪眼，做出惊奇的样子）看见路边有一块儿干面包，捡起来闻闻（双手捧起，眼睛微闭，做陶醉状），嘿，喷喷香。可是只有一块面包，两只小狗熊怎么吃呢？大黑怕小黑多吃一点，小黑也怕大黑多吃一点。这可不好办哪！

大黑说："咱们分了吃，可要分得公平，我的不能比你的小。"小黑说："对（用力点头，肯定语气），要分得公平，你的不能比我的大。"

哥儿俩正闹着呢，狐狸大婶来了，她看见干面包，眼珠骨碌碌（眼珠旋转，表现骨碌碌的神态）一转，说："噢，你们是怕分得不公平吧？来，让大婶给你们分！"哥儿俩高兴地说："好，好，咱们让狐狸大婶来分！"狐狸大婶接过干面包，恨不得一口吞下去，可是她没有那样做。她把干面包一下子掰成两半。哥儿俩一看，连忙叫起来："不行！（身子摇晃）不行！一块大，一块小。"狐狸大婶说："你们别着急呀！瞧，这一块大一点儿的，我咬它一口。"狐狸大婶张开大嘴，"啊呜"（张开大口，做咬的动作）咬了一口。

哥儿俩一看，又叫了起来："不行！（身体摇晃，双手来回摆动）不行！这块大一点儿的被你一咬，又变成小的了。"狐狸大婶说："哎呀，你们急什么呀！那块大了，我再咬它一口吧。"

狐狸大婶张开大嘴，"啊呜"又咬了一口。哥儿俩一看，急得大叫起来（跺脚，做着急样），"那块大的被你咬了一口，又变成小的了"。狐狸大婶就这样这块咬一口，那块咬一口，干面包只剩下小手指头（伸手比量小手指的样子）那么一点儿了。她把一丁点儿大的干面包分给大黑和小黑，说："现在两块干面包都一样大小了，吃吧，吃吧，吃得饱饱的。"

大黑和小黑你看看我，我看看你，一句话（摊手，摇头，做无可奈何的样子）也说不出来了。

资料来源：幼儿教育学科网 http://yejy.jyjy.net.cn/

**提示：**《两只笨狗熊》中大黑和小黑是憨厚粗笨的，因此，在塑造这两个角色时，声音要粗，语速放慢；但在狐狸大婶把面包咬得越来越小时，这时声音要急促，把这种笨笨的而又着急的情形表现出来。而狐狸大婶狡猾奸诈，在表现时用女性之声，声音要细，要尖。

**【课后练习】**根据提示，给下述的故事设计合适的态势语

### 第三十一个蛋

小猫钓完鱼，发现河边草丛里有一个蛋，圆溜溜的，像乒乓球。小猫喵喵地叫了半天，失主也没来领。于是他就把蛋放在路口，又在路口的大树上贴了一张纸条，上面写着：谁丢了蛋，赶快来领。（讲"圆溜溜的，像乒乓球"可用两手食指和拇指做出"圆"状）

喜鹊第一个看见，她想：自己的蛋是椭圆形的，这蛋不是自己的。她拍拍翅膀叫喊："谁丢了蛋，到小猫那儿领。"（喜鹊的声音清脆，把手放到嘴边做出"喊"状）

乌龟正在晒太阳，听见喜鹊的话，赶紧爬到路口，细细地看了看那个蛋，摇摇头说："我的蛋没有那么大，不是我的。"（乌龟的声音低慢，做出"摇头"状）

白鹅在湖里游泳，听到喜鹊的话，急忙伸长脖子一看，连声说："不是我的，我的蛋起码比它大两倍。"（**白鹅的声音粗、慢、高**）

母鸡听到喜鹊的话，咯咯地飞奔回家，数着窝里的鸡蛋，数来数去，一个也不少。它飞上房顶大叫："这蛋不是我的。"（**讲"数来数去"要用食指做出数的状态**）

鸭子正在窝里生蛋，一个月下来，她整整生了三十个蛋。她明明知道自己没丢蛋，可是她想：反正这蛋没有失主来领，要是我领来，就多了一个蛋。年底没准儿能评上产蛋模范呢。（**鸭子的声音扁、粗、低，要压低嗓子来模仿**）

她悄悄地来到大树下，对小猫说："小猫弟弟，这蛋是我的。"小猫歪着脑袋问鸭子："你的蛋在哪里掉的？"鸭子也歪着脑袋问小猫："你说说，在哪里捡的？"小猫说："在小河边呀。"鸭子说："哎呀，我的蛋就是丢在河边了。"小猫一想：不错，鸭子爱下河游泳。就把那个蛋交给了鸭子。（**把"悄悄地"状态表现出来**）

鸭子大摇大摆地抱着蛋回了家。她把三十一个蛋全部搬出来晒太阳。忽然，那个领来的蛋"啪"的一声裂开了，从中蹿出一条小蛇，小蛇嘶嘶地叫着，吐着红红的舌头。鸭子吓得摔了一跤，撞碎了好几个鸭蛋。（**情况紧急，语速快，表现出鸭子害怕的表情**）

小猫知道了，对鸭子说："这怪谁呢？"（**无奈的表情**）

资料来源：摇篮网 http://www.yaolan.com/

**提示：**注意模仿鸭子的声音，扁、粗、低，把它贪婪的特点给表现出来。

### 小猴吃瓜果

小猴跑到西瓜地里，他第一次看见西瓜，感到很有趣，摘下一个西瓜就要吃。旁边一头小牛见他把滚圆（**手势比画滚圆西瓜状**）的西瓜往嘴边送，就对他说："你大概不会吃西瓜吧？我来教你——"

小猴很不耐烦地说："不用你教！（**挥手，做出不耐烦的样子**）不用你教！"说着一口咬下一大块西瓜皮，嚼嚼吐掉了，生气地把西瓜往地上一扔，撇着嘴（**做出撇嘴状，摇头**）说："不好吃！不好吃！"

小牛告诉他："谁让你吃瓜皮呢？吃西瓜，应该吃里头的瓤啊！"

小猴一蹦一跳地跑掉了，边跑边说："吃瓜要吃瓤，这谁不知道？"

小猴跑到香瓜棚里，伸手摘下一个香瓜，一拳（**握拳做砸的动作**）砸成两半，掏出里头的瓜瓤就往嘴里塞。旁边的小驴告诉他："吃香瓜应该吃皮肉，瓜瓤里尽是滑溜溜的籽，不好吃！"

小猴张口就把滑溜溜的香瓜籽吐出来，生气地把香瓜肉扔掉，一蹦一跳地跑了，边跑边嘟囔："这回得记住啊，应该吃皮肉！"

小猴蹦到了一棵核桃树旁，树上正结着绿油油的核桃果。他蹦到树上，伸手就摘果子。一只喜鹊飞过来告诉他："这核桃可不能乱吃啊。"小猴马上自以为是地说："不用你多嘴啦！我知道，得吃肉。"说着"吭哧"（**张嘴，做咬的动作**）就咬了一口核桃果的绿皮，这回，小猴嘴里又麻又涩（**皱眉，表现出难吃的样子**），他一个筋头翻下树来，跑到小河边漱口。小喜鹊飞过来告诉他："小猴，告诉你吧，吃核桃，应当吃里面的核儿。"

小猴漱完口，又一蹦一跳地跑了。这回他跑到一棵梨树边，摘下一个大鸭梨，在树干上七磕八碰，把果肉全部碰烂碰掉，只剩一个梨核儿，这才放到嘴里吃。哎呀！他不由得又把嚼烂的渣子吐了，酸得（**右手捂腮，做出很酸的样子**）得他直喂牙。喜鹊飞来问他："这回好吃了吧？"他气得摘下一个鸭梨（**做出扔的动作**）朝喜鹊扔去，一蹦一跳地朝远处跑去，边跑边嘟囔："西瓜没味儿，香瓜净是籽儿，核桃麻嘴儿，鸭梨酸牙儿，哼，我从今以后再不吃这些瓜果了！"

小朋友，你说小猴错在哪儿呢？

资料来源：燕子姐姐讲新故事 4. ISRC CN-E01-02-436-00/A·I. 上海：中国唱片上海公司.

**提示**：《小猴吃瓜果》中，小猴子自以为是，莽撞不听劝告，因此，在表现时，声音要细，语速快；小牛性格善良憨厚，声音应该粗、慢；小驴声音应是中、平、稍慢；而喜鹊在我们的印象中总是叽叽喳喳叫的，因此，在表现喜鹊时声音要高，语速稍快，从而表现出喜鹊直爽而又幸灾乐祸的性格特点。

### 猴吃西瓜

猴王找到个大西瓜，可是怎么吃呢？这个猴王可从来没有吃过西瓜。忽然他想出一条妙计，于是就把所有的猴子都召集起来，对大家说："今天我找到一个大（**掌心向内比画一下**）西瓜，这个西瓜的吃法嘛，我是（**晃了一下脑袋**）知道的，不过我要考验一下你们的智慧，看你们谁能说出西瓜的吃法，要是说对了，我可以多（**和颜悦色地，右手向右前方点了一下**）赏他一份儿；要是说错了，我可要（**瞪眼向左瞥一下**）惩罚他。"

小毛猴一听，挠了挠腮说："我知道，吃西瓜是吃瓤。"猴王刚想同意，"不对，我不同意小毛猴的意见！"一只短尾巴猴说，"我清清楚楚记得我和我爸爸到姑妈家去的时候，吃过甜瓜，吃的就是皮，我想（**神情认真**）西瓜是瓜，甜瓜也是瓜，当然该吃皮啦！"大家一听，有道理。可是到底是谁对呢？于是大家不由得把眼光集中到一只老猴身上，老猴一看，觉得出头露面的机会来了，就清了清嗓子（**清嗓子状**）说道："吃西瓜嘛，当然……是吃皮啦。我从小就吃西瓜，而且一直吃皮，我想（**摸长胡须状**）我之所以老而不死，也正是吃了西瓜皮的（**得意地摇头晃脑**）缘故！"

有些猴子早就等急了，一听老猴子也这么说，就跟着嚷起来："对，吃西瓜吃皮！""吃西瓜吃皮！"猴王一看，认为自己已经找到了正确的答案，就向前跨了一步，说："对！大家说得很对（**自信地肯定地**），吃西瓜是吃皮！哼，就小毛猴崽子一个人说吃瓤（**冷漠地**），那就让他一个人吃去，咱们大家都吃（**双手搅一下**）西瓜皮！"于是西瓜一刀两半，小毛猴吃瓤，大伙儿共分西瓜皮。

有个猴子吃了两口，就捅了捅旁边的猴子说："哎（**皱眉吐舌**），我说这可不是滋味呀！""嗨，老弟，我常吃西瓜，西瓜嘛（**不以为然地挥一下手**），就这味儿……"

资料来源：崔元、孙明红. 幼儿教师口语[M].北京：人民教育出版社，2011.

**提示：**《猴吃西瓜》中，猴王、小毛猴、短尾巴猴、老猴，甚至最后讲的那只"旁边的"猴，个性都是各不相同的：猴王外表威严，内里空虚；小毛猴大胆机灵；短尾巴猴淳朴天真；老猴倚老卖老；"旁边的"猴傻乎乎的却还要不懂装懂。根据这些性格特征，我们可对各个角色说话的声音做如下处理：猴王，声音中、平、偏慢，着重表现其含而不露、故作威严的性格；小毛猴，声音尖、细、较快，着重表现其初生牛犊不畏虎的特征；短尾巴猴，声音高、平、稍尖，着重表现其办事认真、爱推理的性格；老猴音色苍老，着重表现其暗暗得意的表情。讲话时，可装腔作势地咳嗽、眯眼、摇头晃脑，强调自己的权威性。"旁边的"猴声音粗重，着重表现其满不在乎、大大咧咧的性格。讲到猴王对猴民说话时，可把双手背到后面，头稍昂，眼睛俯视中带点斜视。讲到小毛猴可做个挠腮的姿势；讲到老猴可用手在胸前做个摸胡子的样子，这样，听众便不仅从声音中听到而且仿佛从动作中看到猴王、小毛猴、老猴的形象了。

## 三只小猪

在一个遥远的山村里，住着一位猪妈妈和她的三只可爱的小猪。（**高兴愉悦的表情，微笑**）妈妈每天很辛苦，小猪们一天天长大了，可还是什么事都不做。（**难过的表情，皱眉，轻轻摇头**）

一天晚上，吃过晚饭，猪妈妈把孩子们叫到面前说："你们已经长大了，应该独立生活了，等你们盖好自己的房子后就搬出去住吧。"（**语重深长地，慈祥的表情**）三只小猪谁也不想搬出去住，更不想自己动手盖房子，可是不能不听妈妈的话。于是，他们开始琢磨盖什么样的房子。（**思考的表情**）

老大先动手了。他首先扛来许多稻草，选择了一片空地，在中间搭了一座简易的稻草屋。"哈哈！我有自己的房子了！"老大乐得欢蹦乱跳。（**兴奋的表情**）第二天老大搬进了自己的新家，老二和老三好奇地前来参观。老二说："老三，你看大哥的房子，

也太简陋了，我要盖一座又漂亮、又舒适的房子！"（**坚定的语气**）

老二跑到山上砍下许多木头，锯成木板、木条，叮叮当当地敲个不停。不久，老二也盖好了自己的木房子。显然这比老大的要漂亮、结实得多。老二很快搬到自己的新家，老大和老三也过来参观。老大赞不绝口（**羡慕的表情**），深感自己的房子过于简陋（**皱眉、不好意思状**）；老三看后说："我盖的房子还会更好的。"（**坚定的语气和表情**）

老三回到家左思右想（**思考状**），终于决定建造一栋用石头砌成的房子。老三每天起早贪黑，一趟一趟地搬回一块一块的石头，堆在一旁，再一块一块地砌成一面面墙。哥哥们在一旁取笑道："只有傻瓜才会这么做！"（**嘲笑、瞧不起的表情**）小弟毫不理会，仍然夜以继日地工作。哥哥们休息了，他还在不停地干。这样整整过了三个月，老三的新房子也盖好了！他好高兴啊！（**成功后的喜悦**）

有一天，来了一只大野狼。老大惊慌地躲进了他的稻草屋。（**紧张的表情**）野狼"嘿嘿"地冷笑了两声，狠狠吹了口气就把稻草屋吹倒了。（**凶恶地冷笑**）老大只好撒腿就跑。（**做逃跑状**）老大跑到二弟家，边跑边喊："二弟！快开门！救命啊！"二弟打开门，赶紧让大哥进了屋。大野狼追到门前停了下来，心想："你们以为木头房子就能难住我吗？"他一下一下地向大门撞去。"哗啦"一声，木头房子被撞倒了。兄弟俩又拼命逃到老三家。老三让他们进来后赶紧关紧了门窗，说："别怕！没问题了！"（**胸有成竹地拍着胸脯，坚定地**）大野狼站在门前，不知怎么才能进去。他又对着房门呼呼吹气，结果房子一点也没动。野狼有点儿急了，他又用力去撞。"嗵！"的一声，野狼只觉得两眼直冒金星，再看房子，还是没动。（**做眩晕状，然后定睛一看**）野狼真的急了，他爬上房顶，想从烟囱溜进去。老三从窗口发现后，马上点起了火。野狼掉进火炉里，整条尾巴都烧焦了。他号叫着夹着尾巴逃走了，再也不敢来找三只小猪的麻烦了。（**微笑的表情**）

资料来源：百度知道 http://zhidao.baidu.com/

**提示**：要讲好这个故事，关键是分析各个角色的形象特征，然后配合合适的态势语。猪妈妈是一个中年妇女的形象，说话时应该是较慈祥、语重心长的表情，温和的语气。大野狼是一个很凶狠的形象，因此，它的表情和动作应该表现得比较夸张，凶恶的眼神，粗声粗气的语气。三只小猪是比较可爱的形象，表现时应该紧扣小猪年龄特征和憨笨的形象，结合三只小猪不同的心理状况去表现。总体来说，表情较天真可爱，声音稍粗一些。只有将态势语、音色、语气三者有效地结合起来，才能讲好故事。

## 小马过河

马棚里住着一匹老马和一匹小马。有一天，老马对小马说："你已经长大了，能帮妈妈做点事吗？"（**温和的语气，慈祥的表情**）小马高兴地说："怎么不能？我很愿意帮您做事。"（**天真稚气，高兴**）老马高兴地说："那好啊，你把这半袋麦子驮到磨坊去吧。"

小马驮起口袋，飞快地往磨坊跑去。跑着跑着，一条小河挡住了去路，河水哗哗地流着。小马为难了，心想：我能不能过去呢？如果妈妈在身边，问问她该怎么办，那多好啊！可是离家很远了。（**皱眉、为难的表情**）他向四周望望，看见一头老牛在河边吃草。（**抬起头，身体稍向前倾做张望状**）小马嗒嗒嗒嗒跑过去，问道："牛伯伯，请您告诉我，这条河，我能过去吗？"（**天真稚气，疑问**）老牛说："水很浅，刚没小腿，能蹚过去。"（**声音较粗、低沉；肯定的语气**）

小马听了老牛的话，立刻跑到河边，准备过去。突然从树上跳下一只松鼠，拦住他大叫："小马！别过河，别过河，河水会淹死你的！"（**声音较尖细，紧张**）小马吃惊地问："水很深吗？"（**疑问的表情**）松鼠认真地说："当然啦！昨天，我的一个伙伴就掉在这条河里淹死的！"（**紧张、肯定地**）小马连忙收住脚步，不知道怎么办好。他叹了口气说："唉！还是回家问问妈妈吧！"（**叹气**）

小马甩甩尾巴，跑回家去。妈妈问："怎么回来啦？"（**慈祥，疑问**）小马难为情地说："有一条河挡住了去路，过……过不去。"（**为难的表情**）妈妈说："那条河不是很浅吗？"小马说："是呀！牛伯伯也这么说。可是松鼠说河水很深，还淹死过他的伙伴呢。"妈妈说："那么到底是深还是浅？你仔细想过他们的话吗？"小马低下了头，说："没……没想过。"（**低头，不好意思**）妈妈亲切地对小马说："孩子，光听别人说，自己不动脑筋，不去试试，是不行的，你去试一试，就会明白了。"（**语重心长地**）

小马跑到河边，试着往前蹚……原来河水既不像老牛说的那样浅，也不像松鼠说的那样深。他顺利地过了河，把麦子送到了磨坊。（**高兴、微笑**）

资料来源：百度知道 http://zhidao.baidu.com/

**提示**：要讲好这个故事除了注意表情动作外，还要注意各种动物不同音色的变化。马妈妈应该表情慈祥，声音温和；小马是个不懂事的孩子形象，表情天真，声音稚气；老牛的形象应该用较粗、较低沉的声音表现，语速较慢，肯定的语气；小松鼠可用紧张的表情，尖细的声音，较快的语速表现它的形象和心理特征。

# 第五章

# 幼儿教师教学口语训练

　　教学口语就是教师在进行教学活动时所使用的职业口语。适宜的教学口语不仅可以有序地组织教学活动，激发幼儿的活动兴趣，提高教学效率，也会直接关系到幼儿智力水平的提升和综合能力的提高。因此，作为一名幼儿教师，必须了解教学口语的基本要求和特点，讲究教学口语的规范性和实施策略，以提升教学的感染力，提高教学的实效性，进而促进幼儿的成长。

# 第一节 教学口语的要求和特点

## 一、教学口语的一般要求

### 1. 规范性

3～6 岁的幼儿正处在语言的敏感时期，他们的语言大部分是通过没有外界压力的自然观察和模仿而来的。在幼儿园，教师无疑是幼儿们模仿的对象，学习的榜样。教师的一言一行、一腔一式甚至某种口头禅，幼儿都非常敏感，都乐于模仿。因此，幼儿教师的教学语言必须标准规范。

（1）力求标准性，克服方言化。

2001 年 1 月 1 日起施行的《中华人民共和国国家通用语言文字法》第十条规定："学校及其他教育机构以普通话和规范汉字为基本的教育教学用语用字。"因此，幼儿教师要用普通话进行教学活动，就要在语音、词汇、语法等方面符合规范。在语音方面，教师要使用符合普通话的标准发音，做到发音准确、吐字清楚、不念错别字。有的老师将 zhi、chi、shi 发成 z、c、s，"吃饭"念成"ci 饭"；将 r 发成 y，毛绒绒念成毛 yongyong 等，都是不正确的，应该进行矫正。在词汇方面，不使用方言词，不生造词汇，也要慎重使用尚不稳定的"新词"，如不说"夜来"（昨天）、"小嫚儿"（小女孩）等普通话中没有的词汇。在语法方面，要尽量排除方言语法的影响，避免句子成分搭配不当和语句不通顺的现象，如"我知不道"、"把饭端桌子上"、"我家去"等。这就要求教师要用心学习普通话，加强语言的基本功训练，有意识地矫正自己的发音，克服方言土语的干扰，尽量做到准确流畅地使用普通话。

（2）力求逻辑性，克服随意化。

教学语言的严密程度决定着教学效果，教学语言的内在逻辑性，可使所表达的内容系统、条理，增强语言的说服力和感染力。若教师的教学语言逻辑混乱，表述不严谨，只能使教学内容漏洞百出，捉襟见肘，自相矛盾，那么幼儿的学习兴趣也随之大大减弱。要做到具有内在逻辑性，就要求教师认真充分备课，对教学活动做好充分准备，对教学的内容、方向做到心中有数。在教学中，力求根据思维的逻辑准确运用概念，使语言表达的内容符合事物的客观规律。

【范例】

教师教幼儿进行家畜家禽分类。把动物卡片和画着房子的两张白纸发给每个幼儿。对大家说："我请小朋友们让小动物分别住进两间房子里，动脑筋想一想哪些动物能住在一起？"（幼儿操作、讨论）"小朋友们把牛、羊、马、猪放在一个房子里，为什么让它们这样住呢？噢，因为它们都有四条腿，有蹄子，有尾巴；能生小牛、小羊、小马、小猪；还能喂奶，又都是家里养的。它们有共同的特点，所以让它们住在一起，我们管这样的动物叫家畜……"

资料来源：苑望. 幼儿教师口语[M].北京：高等教育出版社，2007.

评析：这位教师用了规范而且简洁浅显的语言，条理清晰地讲明了家畜的特点，有利于幼儿的理解和接受。

### 2. 趣味性

爱因斯坦说过：兴趣是最好的老师，它往往是获取知识，成就事业的源头。大教育家夸美纽斯在《大教学论》中也指出：如果人们吃饭没有食欲，勉强地把食物吞到胃里去，其结果只能引起恶心和呕吐，至少也是消化不良。反之，如果在饥饿的情况下，把食物吃到胃里去，那它就会乐意接受，并很好地消化它。从这个论述中，可以看出，兴趣是非常重要的，它能推动幼儿不断地去探索新的知识，发展新的能力。优秀的幼儿教师非常重视运用极富情趣的语言来唤起幼儿的兴趣。

幼儿教师要从以下几个方面做到教学口语的趣味性。

（1）语言和思维有着密切的关系，幼儿的思维是以形象思维为主，所以幼儿教师的语言不仅用词要浅显，而且在表述时还要有声有色，形神兼备。运用比喻、夸张、拟人等修辞手法，联系幼儿熟悉的事例来说明事理，唤起幼儿对具体事物的感知。

**【范例】**

中班的宝宝问："老师，树叶掉了，树妈妈会疼吗？树妈妈会死吗？"老师没有急于回答，而是叫来扎着马尾辫的佳佳，重新给她梳头发。梳完后让宝宝看梳子上梳落的几根长发对他说："你看，老师给佳佳梳头的时候，梳掉了几根，你问问她疼不疼。"佳佳说："不疼！"老师又说："其实，树上掉树叶就像每天我们都要掉头发一样，树妈妈一点都不疼，是很正常的，头发掉了还会长，树叶掉了也会长，所以树妈妈不会死的，而且每年掉落的树叶，在泥土里变成养分，会让树妈妈第二年的枝叶更加茂密。"

资料来源：马宏. 幼儿教师口语[M].北京：北京师范大学出版社，2011.

评析：这位教师解决问题时，考虑到了幼儿的接受能力，没有说很多深奥的理论，而是用孩子们自己的感受和已有的经验巧妙回答了看似复杂的问题，真正做到了深入浅出，形象生动。

（2）教师语言应新鲜活泼、幽默风趣，优美生动、引人入胜。语调要抑扬顿挫，富于音乐性。声音要和谐入耳，多用拟声词、感叹词，孩子就像在聆听一首动听的歌曲，欣赏一派醉人的风景，易于幼儿接受和理解。例如：有的教师在教幼儿学习折纸时，"把纸压平"说成是"帮纸宝宝搔痒"；想让孩子闭上嘴巴，老师就说"把嘴巴的小拉链拉上"。孩子觉得有趣，都乐意去做。

**【范例】**

教师在组织幼儿进行音乐创编歌词《春天来了》活动中，教师与幼儿一起通过实际观察、图片回顾、谈话交流等手段，让幼儿回顾已有的生活经验，创编出生动优美的歌词："弯弯的小河流水了，快乐的小鸟吱吱叫，青青的小草发嫩芽，啦啦啦啦春天到。""勤劳的蜜蜂采花蜜，冬眠的小蛇醒来了，快乐的蜗牛爬呀爬，啦啦啦啦春天到。""冬眠的小熊醒来了，美丽的桃花开放了，快乐的小兔子蹦蹦跳，啦啦啦啦春天到。"

资料来源：徐增敏. 幼儿教师口语训练[M]. 北京：教育科学出版社，2012.

**评析**：这位教师用生动优美的语言和孩子们一起去感知春天、赞美春天，不仅发展了孩子们的语言能力，也培养了孩子们热爱大自然、感受大自然的健康情感。

（3）从幼儿活动实际出发，或借助谜语、儿歌、故事、游戏，或利用教具使活动充满乐趣，从而有效地激发幼儿的活动兴趣。

（4）幼儿教师还可以运用态势语的配合来增强教学的趣味性。在教学活动中，教师如果面部表情丰富，配合适当的手势、身姿，就能更有效地激发幼儿的活动兴趣。

### 3. 启发性

威廉说过："平庸的教师只是叙述，好教师讲解，优异的教师示范，伟大的教师启发。"古人也说过"画令人惊不如令人喜，令人喜不如令人思。"教师的教学是为了发展学生的思维能力，这就要求教学语言相应地应当含蓄蕴藉、耐人寻味、发人深思，富有启发性。幼儿教师教学语言的启发性，就是在教学时"用语言把幼儿的心灵点亮"。在教学时，教师的教学语言应富有问题性，给幼儿留下想象的余地，让幼儿能由"此"想到"彼"，由"因"想到"果"，由"表"想到"里"，由个别想到"一般"，收到"一石激起千层浪"的效果。

**【范例】**

《刻舟求剑》是一则形象生动、寓意深刻的寓言故事。当老师问到这篇寓言告诉了我们一个什么道理时，尽管小朋友们争相热烈发言，但很少讲到点子上。老师就用故事启发道："小朋友请静下来，听老师讲个故事：一个孩子经常烧饭，一家三口两碗米，天天这样。有一天，忽然来了个客人，而孩子烧饭时仍旧做两碗米。吃着吃着，饭不够了，这时孩子才发现自己不对了。那么，不对在什么地方呢？"这一问，课堂里又活跃起来了，小朋友们纷纷回答："她少做了一碗米。""她按老办法做事。""她不懂得多一个人吃饭，烧饭的米也应该增多的道理，四个人也烧两碗米，是她看不到情况的变化。""那么，从烧饭这件事联系到'刻舟求剑'的那个人，是不是说明一个道理呢？"经过老师的联系、比喻点拨，小朋友们都微笑地点着头。

资料来源：基础教育课程 http://www.cbec.cn/

评析：这位教师运用非常容易理解的故事启发孩子明白了深刻的道理，使孩子的思路豁然开朗。

### 4．激励性

激励性，是指教师通过肯定、赞许、表扬和鼓励等方式激发、鼓励幼儿不断进取的特性。鼓励和支持幼儿是幼儿学习和发展的重要前提，当幼儿遇到问题不能正确解决，感到灰心与无望时，教师就要帮助幼儿，用积极的语言引导幼儿去探索。比如在个别活动时，经常会有幼儿不敢自己动手操作，总想依赖教师，这时教师就可以说："你去尝试一下，失败了也没关系呀！"、"你试试看"、"再想想，就能想出来了。"、"这件事应该难不倒你的"等这样的语言来激励幼儿，这些语言对即将失去信心的幼儿来说，无疑是一种支持性的力量，可以成为幼儿解决问题的动力，坚定其完成任务的信心。当幼儿有自己的发现和看法时，教师也应及时鼓励，不要吝啬"嗯，真不错"、"你真行"、"你的想法很特别！"等这样的语言，因为这些语言能给幼儿极大的鼓舞，并能激发他们进一步表现的欲望。

### 【范例】

在音乐欣赏《狮王》的活动中，教师让小朋友们在座位上根据音乐旋律等来表现狮王的动作。文文在自己的座位上表演得非常好，于是教师让文文到台上表演给大家看，可是她却缓缓地站起来说："不敢。"教师说："老师刚刚看到文文表演了，表演得非常好！你有发现老师用欣赏的眼光看着你吗？小朋友也都想学学你呢！"最后文文上去了，表演得非常好，小朋友给她鼓掌，她带着骄傲的表情坐回了座位。

资料来源：豆丁网 http://www.docin.com/

评析：教师运用激励性的语言让幼儿找到了勇气，敢于表现自己，重新恢复了信心。

## 二、不同年龄阶段教学口语的特点

幼儿园的孩子可分为三个年龄阶段：小班（3~4岁）、中班（4~5岁）和大班（5~6岁）。每个年龄阶段的幼儿具有不同的生理和心理发展特点，因此，教师在教学口语的设计上也应有所不同。

### 1. 小班

小班幼儿年龄是 3~4 岁，思维处于形象思维阶段初期。这个时期的幼儿知识少，经验少，掌握的词汇少，理解能力也较差。因此，针对这一时期的幼儿，教师在表达时要紧紧围绕具体、形象这个要求。尽量运用简单易懂的词语，多用短小的语句，拟人化及夸张的手法，多配合体态语的运用，有感情地表达。重点的内容可以放慢语速、重复强调。

【范例】

教师："今天天气真好，小鸭都来散步了，呷呷呷，摇摇摆摆地来了几只？"

教师："青蛙虽然长得丑，但它专门吃害虫，是我们的好朋友。"

**评析**：针对小班幼儿的特点，教师的语言通俗易懂，简短具体，情感色彩明确，易于小班幼儿理解。

### 2. 中班

中班幼儿年龄是 4~5 岁，思维水平虽有一定的提高，但仍处于形象思维阶段。但是他们的知识、经验有所增加，对语言的接受和理解的能力也大大增强。因此，教师的语言仍要保持具体形象的特点，但与小班相比，教师语言表达的内容可丰富一些，句式也可以多样化，对幼儿提问的内容稍宽泛一些，答案可以有多种，语言重复次数减少。

【范例】

教师："如果你离开了爸爸、妈妈，离开了家，你会想家吗？想家时你心里什么感觉？想家了，你会怎么办？"

教师："小朋友都吃过什么样的水果？它们是什么味道、什么颜色的？"

**评析**：针对中班幼儿的特点，教师的句式更复杂了一些，问题更具启发性，有助于开发幼儿思维。

### 3. 大班

大班幼儿年龄是 5~6 岁，神经系统的发育趋于完善，具有了明显的抽象逻辑思维的萌芽，能够根据概念分类，对因果关系也有所理解，具备了初步的逻辑推理能力。因此，教师的语言表达中可以出现一些表示类概念的词，复句增加，语言可以更简洁，不需要太慢的语速和不必要的重复。

【范例】

教师："西瓜皮可以改装成什么玩具？这件玩具有什么特点？"

教师："风是怎样形成的？"

**评析**：针对大班幼儿的特点，教师的语言更加简练，问题具有更大的开放性和难度，适合开发大班幼儿的思维。

**【课后练习】**

1. 设计一组引导小班幼儿认识"小鸡"的提问语。

2. 设计一组教授中班幼儿"折飞机"的讲解语。

3. 根据《乌鸦喝水》的故事设计一组问题，看看大班幼儿是否理解了这个故事。

# 第二节 教学环节的口语训练

依据在教学的不同环节中的运用，教学口语可分为导入语、提问语、讲解语、过渡语、应变语、结束语等。幼儿教师只有根据幼儿的实际学习情况和教学内容，科学而又灵活地设计并运用这些教学口语，才能确保教学活动充实、有序地顺利实施。

## 一、导入语训练

导入语是教学活动开始时，教师为了吸引幼儿的注意力，引出教学内容所使用的语言。导入语设计得好，有助于创设最佳教学情境，引导幼儿尽快进入学习状态。

### （一）导入语设计的要求

**1. 切题**

导入语是为导入新课安排的，因此，必须紧扣教学内容，切合主题，防止离题千里，不知所云。

**2. 求精**

导入语是每节课的引语，它的目的是引出新课，并非讲授的重点内容，因此，不必大篇幅展开论述，导入时间不能太长，要控制在几分钟之内，避免喧宾夺主，冗长拖沓。

**3. 求巧**

导入语形式要巧妙新颖，不应千篇一律。导语要根据教学内容力求巧妙、新鲜，富有吸引力。但要避免哗众取宠，故弄玄虚。

**4. 设疑**

导入语可以围绕教学目标设疑布阵，引发悬念，促使幼儿思考，调动幼儿探求新知识的积极性。应注意问题的设计要难易适度，太难会挫伤幼儿学习的积极性，太易会失去原有的作用。

**（二）导入语的形式**

围绕教学目标和教学内容，导入语可以采用很多形式。其中比较常见的有情境导入，提问导入，故事、儿歌或歌曲导入，表演或游戏导入，教具（包括实物、多媒体）手段等演示导入和谜语导入。其中很多方法可以综合运用。

**1. 情境导入**

就是教师根据不同的教学内容，设置出不同的教学情境，使幼儿有身临其境的感觉，以增强幼儿的理解，激发幼儿学习的兴趣。

**【范例】**

背景材料为小班体育活动——运水果

教师在地上用皱纹纸拉出一条路当独木桥，为幼儿每人准备一个小篮子，划定一个区域为果园，水果用各种玩具代替。教师说："秋天来了，老奶奶的果园丰收了，可老奶奶的年纪大了，搬不动这么多水果，我们去帮帮她吧。""搬水果要先将水果搬到自己的小篮子里，再经过一座独木桥，最后运到小河那边的老奶奶家。"教师一边强调一边示范，"注意了，将水果搬到自己的小篮子里，再经过一座独木桥，最后运到小河那边的老奶奶家"。"好，请小朋友帮老奶奶开始运水果吧。"

资料来源：学前教育网 http://www.06abc.com/

评析：教师根据教学内容，设置出一个具体生动的教学情境，使学生有一种身临其境的感觉，从而激发了幼儿参与学习的积极性。

**2. 提问导入**

教师设计问题，利用问题，开门见山地开始教学活动，可以很快地调动幼儿学习活动的积极性和主动性。

**【范例】**

小班活动《认识五官》时，教师一开始就提问："小朋友，看桌上有什么？（小镜子）请小朋友照照镜子，看看自己的脸上有什么？"

资料来源：宝山教育科研网 http://research.eicbs.com/

评析：教师短短的几句话，很适合幼儿的心理——照镜子，很有趣，一下子就导入了活动的主题——认识五官。

**3. 故事、儿歌或歌曲导入**

教师从幼儿喜闻乐见的讲故事、念儿歌或唱歌曲的形式入手，很容易引起幼儿的好奇和思考，能牢牢地吸引儿童的注意力，唤起儿童强烈的情绪反应，从而丰富和加深他们的情感体验，引入活动。但应注意导入语中所选材料的科学性、艺术性和趣味性，且宜短不宜长。例如：在教幼儿粘贴小鸡时，教师可以给幼儿讲一个小故事："有一天，鸡妈妈带一群小鸡到草地上去捉虫，可是有一只小鸡走着走着不见了，鸡妈妈到处找都找不到，我们帮鸡妈妈把小鸡找回来，好不好？"这样，幼儿的兴趣就被调动起来了，粘贴小鸡时就特别用心和仔细。

【范例】

背景材料为大班自然认识活动——认识萤火虫

"小朋友们，今天老师给你们带来一个故事。一天，调皮的小猴到森林里去玩，在回来的路上天黑了。小猴找不到家了，急得哭了起来。几只萤火虫飞过来，对小猴说：'别着急，我们来帮助你。'说着，他们把身后的小灯点得更亮了，很快帮助小猴找到了家。小朋友们想一想，萤火虫身后那个发亮的小东西，真的是灯吗？它为什么会发光呢？好，今天我们一起来认识萤火虫。"

资料来源：学前教育网 http://www.06abc.com/

**评析**：在这个案例中，教师以讲述故事的形式开始，在教师声情并茂的讲述下，幼儿的兴趣被激发出来，很自然地引入到认识萤火虫的活动中来。

**4．表演或游戏导入**

教学活动开始时，教师先引导幼儿观看表演或带领幼儿做游戏，从中引出教学内容。这两种形式都是幼儿喜欢的，所以非常容易吸引幼儿的注意力，引起幼儿的兴趣。

【范例】

在组织幼儿开展《猴子学样》活动时，教师对这个表演性强的故事采用了故事表演导入法。先在活动前编排好情景表演剧，请一名幼儿扮演老公公，请另外几名幼儿扮演猴子，让大家观看。通过观看表演，幼儿对故事的整体内容有了大致的了解，老师可以再提问："表演的对象是谁？""看到了什么？哪些地方最有趣？""猴子在做什么？"……幼儿在表述时会在所看到的情景剧中又加入自己的思考，这时老师只需让幼儿完整欣赏一遍故事内容，在幼儿对故事情节、故事语言都能很好地理解以后，就可以请幼儿参与表演故事了。

资料来源：中国幼儿教师网 http://www.yejs.com.cn/

**评析**：故事表演导入法不仅可使幼儿在专注观看表演的过程中，潜移默化地对故事的结构和氛围有所了解，同时，还能通过贴近幼儿年龄特点的小猴子表演，将幼儿的兴趣点更大程度地激发和调动起来，让教学活动真正建立在幼儿的兴趣之上。

**5．教具演示导入**

教师以展示实物或演示实验的方式引出课题，综合展示与教学活动相关的内容，引起幼儿的好奇心，激发幼儿的学习兴趣。

【范例】

大班活动《探索空气》，教师先同时点燃两支置于盘子上的蜡烛，然后用一大一小两个广口瓶同时罩住蜡烛，幼儿立即发现小瓶中的蜡烛先灭，大瓶中的蜡烛后灭。这是为什么呢？这一小实验所引出的奇妙现象，立即引发了幼儿探求新知识的愿望。

资料来源：宝山教育科研网 http://research.eicbs.com/

评析：教师一开始就进行了直观的展示与演示，非常容易引起幼儿的好奇，激发他们探索的愿望。

6. 谜语导入

谜语导入是指教师结合教学内容和教育主题，通过让幼儿猜谜语的形式，引出并开始教学的一种教学导入形式。这种形式不仅可以导入教学，也可以开发幼儿智力、引发幼儿思考。一般来说，教师在设计用谜语进行教学导入时，教学活动的主题就应是谜底。这种方法适合中班、大班幼儿，因为他们已具备了猜谜语的经验。

【范例】

中班语言活动《小小电话》就可以这样引入："叮铃铃，叮铃铃，这儿说话那儿听，两人不见面，说话听得清。小朋友，动脑筋猜一猜，这是什么？"当幼儿猜出谜底"电话"时，便可以自然地引入教学内容。

评析：教师利用谜语引出本次教学活动的内容，引起了幼儿参与活动的极大的兴趣。

【练一练】

1. 判读下列导入语使用了何种形式

（1）今天我们要举办一个生日会，我们给动物朋友打电话请他们一起来参加我们的庆祝活动吧。谁来告诉我们怎么打电话？朋友接电话了要说什么？

（2）师："（出示笨笨猪）它是谁啊？"

师："噢，它还有个名字叫笨笨猪。"

师："小朋友想知道它为什么叫笨笨猪吗？"

师："那我们来听笨笨猪的故事吧。"

（3）教师出示绘本《好饿的小蛇》引导幼儿观察图书封面。提问："封面上有什么？小蛇饿了，它会找什么吃呢？会发生一件什么有意思的事情？"

2. 给下面教学内容设计导入语

（1）小班科学活动《吹泡泡》

（2）中班语言活动《奶奶过生日》（儿歌）

（3）大班科学活动《认识7》

## 二、提问语训练

教学提问语是指教师根据教学要求和幼儿的实际提出问题，促进幼儿思考钻研以加深理解的教学语言形式。它贯穿教学活动始终，是幼儿园教学活动的主要环节。导入语、结束语和讲解语等都离不开教学提问语的支持。教师在设计提问语时应注意以下几点。

### 1. 问点准确

即课堂提问要有明确的目的，操作性强，提出问题的语言要明确易懂，便于幼儿主动思考，积极寻求答案。比如，有些教师习惯地问"是吗"、"对吗"、"明白吗"等，这样的问题对解决知识重点难点是毫无意义的。正确的教师提问语应该是教师在备课过程中，紧紧围绕教学目的有准备、有顺序经过认真设计而提出的。提问要围绕教学的难点和重点来进行，问到点子上。

### 2.启发智能

教师提问时，既应当考虑对幼儿知识掌握程度、问题理解程度、思维敏捷程度的考察，又应当特别注意通过提问启发幼儿的智能，强化对幼儿智能的培养和训练。例如，将一些故事中的"怎么说的？怎么做的？"改为"会说些什么？可能怎么做？假如是你，你会怎么做？你身边有这样的事吗？结果如何？"孩子们的答案就不会仅仅局限于故事原文，他们可以凭借日常生活中的积累，大胆想象，认真思考，拓展思维。如《母鸡萝丝去散步》的故事中，将"故事中都有谁？他们都经历了哪些事？最后母鸡萝丝成功摆脱狐狸了吗？"改为"母鸡萝丝是怎样摆脱掉狐狸的？为什么会有这样的结果？如果你是母鸡萝丝，你会怎么做？"引导幼儿经过分析、推理，将故事中的角色经历和生活中的自我经历联系起来。这样的提问，不仅能引导幼儿从直观形象思维向抽象思维过渡，而且加深了幼儿对问题的理解。

### 3. 难度适当

提出的问题应当有一定的难度，要巧妙地把幼儿带入一个可能理解而又不是很容易理解、有障碍却可以逾越的境界，形象地说，就是要"跳一跳，摘果子"。

### 4. 层层递进

设计提问，要由简到繁、由易到难，环环紧扣、层层递进。为此，教师要注意设计好问题的"坡度"，让幼儿回答问题像攀登阶梯一样，步步升高，让幼儿的思维也跟着"爬坡"。这样教师在提一个较难问题之前，要提一系列简单的问题作为铺垫。例如，在《小狗的一天》教学中，活动目标之一是让幼儿总结分析小狗的性格特点（贪玩、淘气），那么老师在提这个问题之前，应先通过一系列的提问，如小狗在哪儿，都做了什么等问题分析小狗的一系列行为，它是如何淘气的、如何贪玩的，最终让幼儿根据小狗的这些行为总结出它的性格特点。

### 5. 注意年龄段

比如小班的幼儿思维能力和语言组织能力都比较弱，可以分几个步骤提问，例如：故事里有谁？在干什么？中班的孩子则可以慢慢开始从简单的提问引导到概括性的提问，例如：故事里有谁？发生了一件什么事？大班的孩子经验丰富，有一定的语言组织能力，可以直接问：故事里讲了一件什么事？

【范例】

教师问："我们除了吹蜡烛之外，还可以吹什么呢？"小朋友边想边说："吹气球，吹纸、吹羽毛……"教师点评道："小朋友能把气球、纸、羽毛这些比较轻的东西用嘴吹动，再想想能用什么工具把这些东西吹起来？"在教师的启发下，小朋友想到了吹风机。教师再问："那吹风机一般是干什么用的？"幼儿答："吹头发。"教师接着问："你能学学理发店的发型师吗？"

资料来源：幼儿教育学科网 http://yejy.jyjy.net.cn/

评析：以上教学片段中的提问，吹什么—用什么工具吹—学用吹风机。层次分明，循序渐进，不知不觉中逐渐拓宽了幼儿的思路，丰富了幼儿的生活经验。说说做做中，语言能力与肢体动作相结合，幼儿在这样的学习中轻松有趣又非常愉快。

【练一练】

1. 用下列问句设计一组教学提问语

为什么……？　　　　　　……为什么？

能……吗？　　　　　　　有……吗？

什么是……？　　　　　　……干什么？

……这是真的吗？　　　　……这样做好吗？

2. 请你按照提问语的要求设计一些问题，帮下例中的小朋友理清概念

有位小朋友搞不清"昨天、今天、明天"的时间概念，说："明天老师教了我一个舞，今天我回家跳给爸爸妈妈看。"

3. 为大班语言活动《哪儿去了》设计提问语

活动目标：

（1）初步理解诗歌的内容及其运用的拟人、比喻等修辞手法。

（2）能根据图片的提示完整地朗诵诗歌。

（3）感受诗歌中四季显著特征的变化。

附作品：　　　　　　　　　　《哪儿去了》

春娃娃的花篮哪儿去了？夏哥哥的绿叶儿遮住了。

夏哥哥的绿叶儿哪儿去了？秋姐姐借去做地毯了。

秋姐姐的地毯哪儿去了？冬爷爷的白被子盖住了。

冬爷爷的白被子哪儿去了？装进春娃娃的花篮里了。

## 三、讲解语

讲解语是教师讲述、阐释教学内容的一种教学用语。主要讲清"是什么""为什么""怎么做"等问题。讲解语应当准确清楚、条理分明，系统连贯、详略得当，通俗易懂、深入浅出，生动有趣、感情丰富。必要时还可与教具展示、表演示范等结合，以增加讲解的效果。

【范例】

科学课《认识牛奶》

教师：牛奶里有水，牛奶煮开的时候，这些水就变成许多小气泡，那就是我们看到的热气，这些热气想往外跑，可是牛奶是黏的，黏住小气泡不让它出来，小气泡偏要使劲往外拱，越拱越高，最后带着牛奶噗的一下从锅里漫出来了。

资料来源：苑望. 幼儿教师口语[M]. 北京：高等教育出版社，2007.

评析：在这段讲解中，教师把一个难以理解的科学道理讲得明白易懂，它不仅形象地说明了牛奶的构成，解说了牛奶煮开会溢是因为牛奶中含有水的原因，而且还运用了拟人的修辞手法，"牛奶……黏住小气泡不让它出来，小气泡偏要使劲往外拱"，多像两个孩子在嬉笑打闹，这些都符合幼儿的认识水平，是幼儿爱听并能听懂的话。这段讲解语深入浅出，非常成功。

【练一练】

1. 为小班教学活动《有趣的鞋》，设计"鞋的分类"的讲解语。

2. 为大班《认识风》活动，设计讲解语（风的形成、作用）。

3. 设计一段讲解语，讲解清楚上下、左右、里外等方位概念。

4. 讲解古诗《静夜思》、《锄禾》，要求讲出诗的大意，描绘诗的意境。

## 四、过渡语训练

教学过渡语是指教师在教学环节与环节之间，为承上启下、连接活动而运用的教学组织语言。过渡语的巧妙运用使教学环节之间紧密相连，自然流畅，它不仅有利于幼儿正确掌握知识要领，更能使集体教学活动增添艺术的魅力。

【范例】

幼儿园中班语言活动《小猫的生日》教案

教学目标：

1. 通过看看、猜猜、想想、说说来理解图书内容。

2. 能根据物体的轮廓进行合理的猜测，发展思维能力。

3. 在猜测过程中体验成功的喜悦。

教学准备：小猫玩偶、手电筒、大图书、小图片若干张。

教学过程：

一、谈话激趣

1. 出示小猫玩偶，猜猜小猫为什么这么开心。

（幼儿自由猜测小猫开心的原因）

**过渡语：** 小猫究竟为什么这么开心呢？老师带来了一张照片，答案就在照片里。

2. 出示小猫图片

提问：小猫为什么这么开心？你是从哪里看出来的？它过几岁生日呀？（我们一起来数一数）在过生日的时候，什么事儿让你最开心？（幼儿根据自己的经验自由回答）

**过渡语：** 小猫过生日又会遇到什么事呢？让我们一起来看看图书。

二、看图书理解故事内容

1. 提出看书的要求：大眼睛看仔细，把看到的先藏在心里。

2. 集体看图书 1~3 页。

提问：小猫生日那天发生了什么事情？（停电了……）

哪一页是说小猫生日停电的？请一名幼儿把它找出来。（某张图）

3. 出示某张图提问："这是什么？黑乎乎的房间里怎么会有两个圆溜溜、闪光的东西？

**过渡语：** 小猫不但有亮眼睛，还有聪明的脑瓜，遇到问题就想办法解决，小猫想出了什么好主意？（用手电筒）你们用过手电筒吗？打开手电筒会怎么样？"

资料来源：妈咪爱婴网 http://www.baby611.com/

**评析：** 教师的过渡语适时地提醒了幼儿要注意学习的内容，引导幼儿学习的方向，把活动的各个内容有机地串联在一起。

【练一练】设计过渡语

1. 教师讲完《小白兔过桥》的故事，想活跃一下气氛，让幼儿戴头饰与同伴一起合作分角色表演，教学环节之间应该怎样过渡？

附：儿歌

小白兔过桥

小白兔，过小桥，

走到桥上瞧一瞧，

山羊公公过来了，

摇摇摆摆走上桥。

小白兔，往回跑，

站在桥下把手招，

山羊公公您走好，

山羊公公您先过桥。

河水听了哗哗笑，

小鱼乐得蹦蹦跳，

都夸白兔有礼貌。

资料来源：王旭昌. 语言表达[M]. 青岛：青岛出版社，2012.

2. 教师讲解科学活动《红黄蓝》，帮助小朋友们认识三原色后，引导小朋友们做染纸的游戏，教学环节之间应该怎样过渡？

## 五、应变语训练

应变语就是教师在教学中，巧妙处理突发情况时使用的应急性教学口语。应变语对教师有较高的要求，具体包括以下几个方面。

### 1. 要有针对性

教学应变语的应用应该有明确的针对性，也就是要紧紧围绕完成课堂任务这个中心来进行机智的应变。

### 2. 要有分寸性

教学应变语运用分寸的掌握，是能否实现转变课堂偶发事件使之回到正常教学目标的关键。

### 3. 要有自然性

教学应变语的运用不是教学过程的节外生枝，它应该是自然融入教学过程的有效语言才对。

**【范例】**

教师教学时不小心把贴绒小燕子碰掉了，孩子们立刻发出"咦……"的声音，有的还大声喊："小燕子飞下来了！"老师灵机一动，对孩子们说："你们数一数，有几只小燕子落下来了？还有几个在黑板上贴着？一共有几只小燕子？"

评析：教师的灵活处理将突发情况变成了学习新知识的契机，将幼儿自然引入到新知识的学习上，处理之巧妙令人赞叹。

**【练一练】**

1. 假如在课堂上两个孩子吵架了，一个哇哇大哭，你该如何应变？

2. 如果你在提问时，有孩子答非所问，你该如何应变？

3. 你忘了关手机，正在讲课时，手机突然响了，你该如何应变？

## 六、结束语训练

一堂好的课不仅需要一个别开生面、引人入胜的导语，激情四溢的教学过程，更需要一个精练有效、发人深省的结束语。所谓结束语，顾名思义就是教学活动结束时，教师说的话，主要是总结归纳教学内容，巩固所学知识，加强记忆等。结束语要概括、精当、简练，就是要把语速放慢些，语气肯定，语调要有侧重，表达出强调的语意来。

具体来说，结束语可以分为以下几类。

### 1. 归纳总结式

教学结束时，教师把内容做简单概括的归纳总结，便于幼儿提高认识，加强记忆。

### 2. 画龙点睛式

教师在结束语中，抓住重点，点出要害，帮助幼儿将感性认识上升到理性认识。

### 3. 指导活动式

教师以活动或游戏的方式总结巩固教学内容，这样更能给幼儿以意犹未尽的感觉，让幼儿在快乐中结束学习。

### 4. 发散延伸式

在教学活动结束时，教师留下问题，引发幼儿思考，以激发幼儿的探索欲望，开拓幼儿思维。

**【范例】**

### "微笑"活动

教师：最近，我们首都北京的人们都在寻找一样东西，你知道是什么吗?（教师介绍北京为迎接奥运会，多家单位共同开展"寻找北京最美的微笑"活动）

教师出示圆形微笑表情卡，再问：你会微笑吗? 怎样的微笑才是美的?

……

教师：微笑时嘴唇微微张开，不出声，眼睛笑着看着对方。微笑像一朵花，开在人脸上。

教师：为什么北京的人们要寻找最美的微笑呢?（教师将收集到的"北京最美的微笑"图片让幼儿欣赏，让幼儿在欣赏中，去感受图片上人们在微笑时的心情，从而理解微笑对人们生活的作用）

教师总结：微笑使人温暖，使人美丽；微笑能带来友谊，带来快乐；微笑让我们获得力量，帮助我们成功。老师希望我们每位小朋友都拥有最美丽的微笑，好吗?

资料来源：中国幼儿教师网 http://www.yejs.com.cn/

**评析：**在幼儿个别发表意见后，教师演示课件，随着一幅幅图片的出示，教师进行了总结，让幼儿的经验得以进一步提升，也将活动的情感推向高潮。

**【练一练】**设计下列教学内容的结束语

**1. 小班语言活动"小刺猬理发"**

活动目标：

（1）理解儿歌内容，知道要经常理发、讲卫生。

（2）能有节奏地朗诵儿歌，并根据儿歌内容配上动作。

（3）从小懂得讲卫生、爱清洁。

**2. 中班社会活动"我们的新同伴"**

活动目标：

（1）认识新同伴，了解新同伴的需求。

（2）学着用恰当的方式对新同伴表示欢迎和关心。

（3）感受关心别人与被朋友关心的快乐。

**3. 大班语言活动"清明"**

活动目标：

（1）初步理解古诗内容，想象诗中描写的景象。

（2）能按古诗的节律吟诵，发音清楚。

（3）对古诗吟诵感兴趣，体会诗人所表达的对家乡的怀念之情。

【课后练习】

请为下列活动设计完整的教学口语，并到幼儿园相应的班里讲一讲。

1．小班科学教案："肥皂泡泡"

活动目标：

（1）阅读图画书，愿意讲述小动物洗澡的趣事。

（2）知道洗澡能让自己的身体变干净，体验洗澡带来的乐趣。

2．幼儿园中班社会教案："我们是健康宝贝"

活动目标：

（1）关注甲型流感（简称甲流）给人们生活带来的变化，知道预防甲流和自我保护的方法。

（2）会用多种方法、多种形式让幼儿园里的伙伴和家长了解甲流的预防方法，感受、体验关心他人的自豪感。

3．幼儿园大班音乐教案："充气玩具"

活动目标：

（1）感受充气玩具充气中的音乐形象，并尝试用肢体动作予以表现。

（2）随音乐的变化再现玩具充气的过程，体验游戏的快乐。

# 第六章

# 幼儿教师教育口语训练

　　教师担负着培养人、教育人的神圣使命。一个合格的幼儿教师，要全面履行教育职责，就应该做到既教书又育人。教育口语是幼儿教师育人最直接、最有效的工具。因此，掌握并运用好教育口语是幼儿教师必备的基本功之一。

# 第一节 幼儿教师教育口语的原则与特点

## 一、幼儿教师教育口语的定义

幼儿教师教育口语是幼儿教师根据党和国家的教育方针对幼儿进行思想品德和行为规范教育的工作用语，是幼儿教师在课堂和其他幼儿活动场所进行的教育性谈话。

## 二、幼儿教师教育口语的基本特点

### 1. 语言儿童化

幼儿教育不是教师教、幼儿学的过程，而是教师在组织活动中，观察、了解并引导幼儿，诱发他们的积极性、主动性和创造性。这就要求教师在组织活动的过程中，讲究语言艺术，提高语言素质，语言既要浅显易懂、生动有趣，又要符合语法规范。根据幼儿园的活动性质及幼儿年龄特点，"儿童化"语言是幼儿园教师口语的一大特点，它不仅能缩短教师与幼儿之间的情感距离，而且能提高幼儿兴趣，吸引幼儿的注意力，还能显出对幼儿的亲近感。但也要注意避免过分"儿童化"。

【范例】

儿歌《做早操》：早上空气真叫好，我们都来做早操。伸伸臂，弯弯腰，踢踢腿，蹦蹦跳，天天锻炼身体好。

儿歌《饭前要洗手》：小脸盆，水清清，小朋友们笑盈盈，小手儿，伸出来，洗一洗，白又净，吃饭前，先洗手，讲卫生，不得病。

资料来源：幼教网 http://www.gz61.com/

评析：通过儿童化的语言，拉近与幼儿的距离，使情节趣味化，符合幼儿的身心发展规律。

### 2. 尊重幼儿

幼儿教师语言的特殊，在于它是影响幼儿心灵的工具；教育口语艺术，是同人交心的艺术，教师需要有爱心，没有对幼儿的爱心，就搞不好教育工作；教育过程是长期的、曲折的，没有对幼儿的耐心，教育也不会奏效。使用教育口语不是单边行为，它需要说和听的双向互动。在这个过程中，教师既是说服者，也是倾听者；幼儿既是倾听者，也是解释、说明者。教育口语的有效性，正是体现在二者的交互、沟通和融合之中。教师要在尊重幼儿的基础上，倾注爱心，保护幼儿的自尊心，以百倍的耐心把自己对幼儿的关怀、理解贯彻在整个教育谈话之中。

**【范例】不恰当的教育口语举例**

我看谁在那说话？

我看谁忘了洗手了？

不许出声！（不许……）

赶快吃！（赶快做……）

××，去把凳子搬来。

你明天把那本书给我带来。

笨死了！连这都不会，你还能干什么？

**评析**：造成说出这些不当教育用语的原因很多，归纳起来主要有以下几点：第一，对幼儿的身心发展规律及幼儿的学习特点了解不充分。第二，没有真正把幼儿看做一个拥有独立人格和自主权力的人；换句话说，就是没有充分尊重幼儿的人格和权利。第三，缺乏教师教育语言艺术和教育机智。

## 三、幼儿教师教育口语的基本原则

### 1. 平等性原则

平等性的语言环境能够营造宽松和谐的气氛，对幼儿的学习产生一种支持的力量，使幼儿敢想、敢说、敢做。如在提要求时，教师应把"要……"、"必须……"等指令性语言转换成"让我们一起来……好吗？""这样好吗？""你认为……""能不能……"等平等性语言。

贯彻幼儿教育口语的平等性原则，要求教师在实施教育口语时多用协商的语气，多用讨论的方式，鼓励幼儿积极正确地参与，从而培养幼儿的自尊心和自信心，利于达成教育口语的实施目的。

**【范例】**

幼儿园老师布置小朋友们做拼图游戏，培养锻炼幼儿的观察能力和动手能力。教师把材料发给大家，布置任务，然后开始来回走动巡视。

对于杨雪来说，拼图游戏似乎有点难，她的进展比别的小朋友要慢一些，总是拼不好，看着别的小朋友拼得比较快，她有些着急。老师走到她身边，轻轻地说："杨雪，你好啊！"杨雪抬起头："老师好，我拼不好。""没关系，先好好看看这些块块儿，看好了再慢慢拼。"在老师的鼓励下，杨雪继续拼图，后来老师见她的进展还是有点慢，就又走过来说："让我们一起来好吗？""好！"然后师生一起做拼图游戏，"你看这样行不行？""请你再试一试！"……在教师的帮助和鼓励下，杨雪顺利地完成了拼图游戏。

资料来源：徐增敏. 幼儿教师口语[M]. 北京：教育科学出版社，2012.

评析：通过教师的鼓励与引导，使幼儿顺利完成任务，保护了幼儿的自尊心，拉近了幼儿与教师的距离。

### 2. 保护性原则

苏霍姆林斯基说："教师的语言是一种无法替代的影响学生心灵的工具。"童年生活对人一生的发展有着巨大影响，许多成年人的心理障碍往往可以追溯到他们的童年生活。对于幼儿来说，老师积极的情感、鼓励的语言对其健康的心理发展起着重要的作用，侮辱、恐吓、威吓等暴力语言，会给幼儿造成巨大的心理压力。然而在幼儿园的实际教育工作中，这样的语言暴力例子屡见不鲜。幼儿的心是透明的、敏感的，幼儿的自尊是珍贵而稚嫩的，需要幼儿教师用心去呵护。

### 【范例】

乐乐喜欢在桌子上乱写乱画，教师发现之后，走到乐乐身边，微笑着说："宝贝儿画得真好看，对不对？"乐乐也笑了："我画了一只小花猫。""嗯，老师看出来了，真的是一只小花猫，我也喜欢。不过呀，桌子会说'不要不要，我不喜欢花猫脸，我怕脏！我要干干净净的脸！'"乐乐有点不好意思了："老师，我错了，以后不在桌子上画了。"老师又笑了："乐乐真是个聪明的小朋友！你可不可以把桌子上的小花猫擦掉，然后再在纸上画一张交给老师呢？老师给你贴在墙上，让小朋友们都来看看，好不好？""好，我现在就擦了，给老师画一张。"

评析：老师没有通过大声的呵斥来制止幼儿的行为，而是和颜悦色地讲道理，保护了幼儿的自尊心。

### 3. 针对性原则

教师语言的针对性指的是，教师应当根据不同的学习材料或学习环境、不同水平或年龄的儿童运用不同的语言，即应当因材施教。教师在活动中针对不同的学习内容和不同特点的幼儿需要使用不同的语言。只有因材施教，才能使教师的语言有的放矢，取得实效。

幼儿教师的语言需要因人而异，因学习内容而异，因学习环境而异，因时间变化而异等，这是针对性原则所要求的。

### 【范例】

有一天，幼儿园的王老师组织孩子们到户外活动。正是春暖花开的时候，天气很好，孩子们尽情地玩耍，非常高兴。忽然，小明奔跑的时候不小心把兰兰给撞倒了，然后若无其事地说了句"对不起"就继续跑开了，兰兰坐在地上哭了起来。王老师见状，马上走到兰兰身边，把她扶了起来，轻声地安慰她："兰兰刚才摔倒了，是不是？""嗯。"兰兰哭着点头。"是小明把你碰倒的吗？""是。"兰兰依旧哭着。王老师把小明叫了过来，问小明："刚才是你把兰兰撞倒了吧？""嗯，老师，我是不小心撞倒的。"小明连忙解释。"把别的小朋友撞倒是不对的，撞倒之后你说什么了吗？""我说了'对不起'了，老师。""嗯，说对不起是应该的，做错了事就要说'对不起'，但是除了说对不起，我们还可以做点别的吗？你在家里摔倒了，家长会怎么做呢？"小明马上说："我知道该怎么做了，老师。"说着，他就抬起自己的手，轻轻地拍了拍兰兰，边拍边说："对不起，对不起，我给你拍拍，要不我再给你吹吹？"兰兰停止了哭泣："没关系，不疼了。"

资料来源：徐增敏. 幼儿教师口语训练[M]. 北京：教育科学出版社，2012.

评析：教师通过有针对性的举例，指出幼儿的错误，针对不同性格的幼儿，采用不同的方法，做到因材施教。

【课后练习】

1. 幼师教育口语的基本特点及基本原则是什么？
2. 贝贝总是喜欢抢别的小朋友的玩具，请根据幼师教育口语的原则设计一个教育主题。

# 第二节　幼儿教师教育口语分类训练

教育口语不是教师无目的地信口开河，而是根据教育过程中，人、事、情、境的变化，抓住有效的教育时机，根据一定的教育原则，有目的地使用的，有极强的针对性。注重对幼儿情感、态度、价值观的正确导向，培养幼儿高尚的道德情操和健康的审美情趣，使之形成正确的价值观和积极的人生态度，这是教育的重要内容，它始终附着在所有教育活动中。教师应注重把这些内容贯穿于日常的教育过程之中，对幼儿熏陶感染，潜移默化。

根据教育目的的不同，幼儿教师教育口语通常可以分为沟通语、劝慰语、启迪语、激励语、表扬语、批评语等。

## 一、沟通语训练

所谓沟通是指教师与幼儿互相交流，在情感、认识上达成一致的过程。师生间的沟通是建立和谐的师生关系的渠道。随着当代社会经济的不断发展，生活节奏的加快，使家长或教师有时忽视了与幼儿进行沟通，忽视了对幼儿心理需要的满足，以致因父母与孩子缺乏沟通，造成代沟，教师与幼儿缺乏沟通，造成师生关系的不和谐，因此，成人与幼儿之间是需要多多沟通的，在互相沟通时，得到宽容、理解、支持和尊重。而师生间的沟通，会缩短师生间的距离，加深师生间的了解，在沟通中，幼儿能够感受到教师对他的关注、尊重，使其有一种被重视感，并有一种充分的接纳感，感到自己被教师所关心，喜爱，从而得到一种安全的、愉快的情绪体验。这种积极的情绪体验，有助于幼儿保持活泼、开朗的情绪，增强对教师的喜爱和信任，乐于接受教师的引导和帮助；同时，幼儿在与教师的沟通中，向教师传递他的情绪、情感，使教师能够及时地了解幼儿的需要，给予适宜的指导与帮助，教师与幼儿能建立起积极的相互信任、尊重的关系，促进幼儿心理的健康发展。

运用沟通语主要有以下几种技巧。

### （一）注意倾听

教师要用语言和非语言的方式表现倾听、接受和激励幼儿的观点。在倾听时，教师要有耐心，还要仔细琢磨和了解幼儿语言中潜伏的意义。

### 【范例】

上美术课的时候，小朋友都在注意听老师讲课，忽然实习老师看见坐在后排的张磊低着头不知道在干什么。她很生气，就大声地批评张磊。张磊说："老师，我——""我"字还没完全说出来，老师就打断了他："别说话了好不好，上课不认真听讲，搞小动作，这是不对的！"张磊哭了，哭得很伤心。

指导老师看到后，马上把张磊叫出了教室，和他展开了下面一段对话。

老师：张磊，怎么哭了？

张磊：老师骂我，我难受。

老师：刚才到底怎么了，跟老师仔细说说。

张磊：刚才上课的时候，我一低头，看见梅梅好几只水彩笔在我脚下面，我不知道它们什么时候掉的，就想捡起来，给梅梅放到桌子上。可是刚捡了两只，老师就骂我。

老师：哦，是这么回事啊。

张磊：嗯。

老师：那刚才是老师错怪你了，你是好孩子。不过，老师不是骂，是批评，老师不知道你在做好事。一会儿我跟老师说说，让她在班里表扬你，好不好？

张磊：好。

资料来源：徐增敏. 幼儿教师口语训练[M]. 北京：教育科学出版社，2012.

评析：由于幼儿生理和心理发展的不成熟，在表达自己的观点时，可能语无伦次，因此，教师要做到认真倾听幼儿的讲话，要有耐心、恒心和爱心。

## （二）合理引导

人与人的沟通不是一帆风顺的，幼儿教师与幼儿沟通时也会经常出现沟通不畅的问题。幼儿思维较浅，并且带有跳跃性，口头语言常常表述不清楚、不准确。当沟通不顺畅是时候，教师要对幼儿加以引导，了解他们的想法和感受，推进沟通向有利的方向发展。

范例：

周围环境：教室一角，有七八个幼儿在场

沟通对象：亮亮

老师：亮亮，你今天早上来幼儿园为什么哭啊？

亮亮：没什么。（眼睛没有看我，眼睛眨得很快，很紧张的样子）

老师：一定有什么不开心吧？告诉高老师好吗？我会帮助你！（尽量表明自己的目的来消除亮亮的戒备）

亮亮：……（低着头一言不发，感觉比之前的情况更不妙）

老师：亮亮想妈妈了吧。

亮亮：……（眼圈开始发红）

老师：亮亮是最勇敢的孩子，我们一起去跟小朋友们玩游戏等妈妈来接我们好吗？

亮亮：（点点头，高兴地走到小朋友中间）

评析：

通过幼儿教师合理的引导，关注孩子的情绪发展，语调亲切自然，语带关心，并做到适时转换，实现预定目标。

### （三）认同和转移兴趣点

#### 1. 认同

教师要走进幼儿的内心世界，接纳理解幼儿。走进幼儿的内心世界，实际上就是要求教师换位思考，站在幼儿的立场去理解幼儿，从幼儿的处境来体察他的思想行为，了解他的内心世界。这是教师开放自我内心，吸纳对方的胸怀，这样可以使幼儿消除排他心理和戒备心理，使沟通能在一种放松的心理氛围中来进行，从而使沟通双方实现心理认同。

【范例】

玉玉是一个性格活泼的女孩子，平时既爱说又爱笑，在幼儿园里表现非常好，小伙伴们都喜欢和她做朋友。可是，最近几天她却总是闷闷不乐，在幼儿园里表现也不如以前了。老师感到很奇怪，就和她进行了下面的对话。

老师：玉玉，你怎么了，怎么这几天不高兴啊？

玉玉：没事。

老师：你可是班里最活泼的了，老师最喜欢你了。

玉玉：是吗？老师喜欢我吗？

老师：当然喜欢了。告诉老师，发生什么事情了吗？

玉玉：我爸爸说我说话太多了，净说没用的话。

老师：因为这个呀，老师明白了。其实呀，老师小时候也特别爱说话，妈妈也批评过我。

玉玉：是吗？妈妈也批评过老师啊？

老师：嗯，当然，跟你一样。

玉玉：那后来呢？

老师：后来呀，我就想应该说什么大家才喜欢我呢？想来想去，我有了一个办法，就是讲故事讲给他们听，还有，在他们工作的时候不去打扰他们，自己可以看故事书，学习知识。爸爸妈妈就都喜欢我了。

玉玉：那我也要像老师那样做。

老师：嗯，这就对了，爸爸妈妈一定会喜欢你的。

资料来源：徐增敏. 幼儿教师口语训练[M]. 北京：教育科学出版社，2012.

评析：在这则沟通案例中，幼儿因为在家里说话太多受到批评或者责骂，心理受到压抑，导致在幼儿园里也表现不佳。教师发现问题后与幼儿沟通，一开始在搞清楚问题之前，先表扬一下孩子，显示了对幼儿以往表现的肯定和认同，为下一步的沟通铺路搭桥。找出问题之后，教师也故意说自己小时候和该幼儿一样，再以认同的方式使师生之间感情进一步拉近。在此基础之上，以"自己"儿时的做法为例，巧妙地引导幼儿，告诉她怎样做是正确的。由此可见，认同使得教师和幼儿之间的沟通变得顺畅。

### 2. 转移兴趣点

转移兴趣点是教育口语中一种比较特殊的引导方法，幼儿有不良习惯或行为时，如果家长和教师正面批评劝导无效，然后可以尝试这种方法。其特点是引导者用语往往不多，完全看不出教育者的目的，甚至其语言与目的表面相悖。其教育思路在于巧妙转移幼儿不良行为的兴趣点，可谓独出心裁。

### 【范例】

曾仕强教授在讲座中举了一个教育孩子的例子。他的小儿子经常在墙上画画，作为父亲也没少说他，但生气没有用，责骂他也没用，可是无论如何也不能放任。怎么办呢？经过一番思索之后，曾教授和孩子展开了下面一段对话。

爸爸：（以欣赏的态度告诉儿子说）你墙上这画画得真好啊，我怎么没发现？我们应该把它带回去给爷爷看好不好？

儿子：画在墙上怎么能带给爷爷看呢？

爸爸：你真聪明啊，我怎么没想到啊？那怎么办？

儿子：画在纸上啊，就可以带过去了。

爸爸：好。（拿张画纸给儿子）

儿子画完以后，爸爸让儿子保存好，后来带儿子去孩子爷爷那里时把画拿给爷爷看。这张画果然获得了爷爷的大力赞扬。爷爷还说，以后画了画一定要带回来让他看看。儿子非常高兴，很有成就感，回到家里后，爸爸看见儿子又拿出了画笔，就有了下面的简短对话。

爸爸：还在墙上画画吧。

儿子：我不要在墙上画，要在纸上画，画了带给爷爷看。

爸爸：那随便你吧。

曾教授得出结论：不能给小孩子讲道理，给小孩子讲道理是讲不通的。要根据孩子的心理需求选择更好的沟通方法。

资料来源：人民网 http://edu.people.com.cn/

**评析**：不喜欢画画的幼儿很少，随处涂鸦的幼儿也很多，我们应该保护幼儿表现、探索的天性，但也常常因此而苦恼，毕竟不是哪里都适合画画的。本例中，曾仕强教授运用了适度转移兴趣点的方法，通过第三人的赞美来提高孩子的成就感。孩子为了再次获得这种成就感，会认为最好的方法是放弃在不可移动的室内墙上作画，转而采用在便于携带的图画纸上作画，以供他人观赏。

教育家叶圣陶先生说过："老师当然须教，而尤宜致力于'导'。"这个"导"就是引导。

### （四）恰用体态

体态可以表达语言，在幼儿园具体的教育工作中，体态语可以起到代替某些语言的作用，与教师的有声语言相互配合。幼儿教师在教育实践中应充分研究运用体态语言，使教育工作取得更加令人满意的效果。

#### 1. 竖大拇指

竖大拇指几乎已成为全世界公认的表示"好"、"干得出色！"、"你真棒！"等十几种表扬的信息。幼儿园老师表扬小朋友用得较多的"奖励你一个大拇指""棒、棒、棒，你真棒（同时出示一个大拇指）"伸出大拇指夸夸自己"等等，其所起到的作用往往是无穷的，教师的身体语言会演变为他们的精神力量，让幼儿们的童年在自信快乐中度过。

### 2．握手

幼儿刚入园时，或假期时间稍长，或家长带出去旅游再返校后，有些会表现出早上入园有情绪。晨间接待时，教师和颜悦色地，蹲下来主动伸出手与幼儿握手，这种爱的传递，会吸引着幼儿向教师靠过来。

### 3．挥手召唤

当教师叫某一位内向的幼儿时，幼儿面对教师亲切的笑脸和 "挥手召唤"的手势，心中会涌起亲切感，这种亲切感会鼓励着胆小的他朝教师的方向走来。

### 4．告别手势

"挥手告别"这个身体语言是幼儿教师每天必须使用的，尤其是刚入园的幼儿一天里最渴望看到老师做的动作莫过于此。这个动作能让幼儿在愉快的心情中离开，此时教师可再加上一个鼓励的拥抱，鼓励着他明天也带着愉快的心情回到幼儿园。

### 【范例】

一天下午，幼儿园某班开展活动，实习老师让小朋友们捡树叶，然后放到教室的"自然角"，供大家观察、学习。甜甜落在后面，捡得不多。放学后，爸爸来接她，她请求爸爸和她一起在路上又捡了一些树叶，第二天早晨高兴地带到了幼儿园，要交给实习老师。

甜甜：老师，我又捡了一些树叶，您看！

老师：（草草地瞥了一眼树叶）昨天下午让你捡你不捡，今天不让你捡，你倒捡了这么些！

甜甜：……（低下了头，看着自己手上的树叶，眼泪似乎要流出来了）

老师：（一看这情况，也没了主意）快放到自然角去吧。

这时候，指导老师快步走到甜甜身边，蹲下身子，和甜甜开始说话。

老师：甜甜，这树叶真不少啊！都是你捡的？

甜甜：（听到老师夸树叶多，情绪稍有好转）我和爸爸一起捡的。

老师：哦，是在路上捡的吗？来，让老师好好看看。

甜甜：嗯，给您。

老师：（从孩子手里小心地接过叶子，仔细地观看着）嗯，真漂亮啊！

甜甜：（脸上有了笑容）嗯，您看，这是银杏叶，这是杨树叶。

老师：（竖起大拇指）甜甜真棒！老师特喜欢这些叶子！

甜甜：（情绪高涨）嗯，我也喜欢。

老师：（把叶子交给甜甜，轻轻地拍拍她的后背）让这些叶子到自然角去安家吧！

甜甜：嗯！（笑着去放好了叶子）

资料来源：徐增敏. 幼儿教师口语训练[M]. 北京：教育科学出版社，2012.

评析：当幼儿把捡来的树叶交给实习老师的时候，因为已经过了捡树叶活动的时间，实习老师有些不耐烦，其冷漠的表情，批评性的语言，极大地打击了孩子的积极性。见此情景，指导老师显示出了她丰富的教育经验。为了化解这一"风波"，她恰当地运用了体态语言和幼儿沟通交流。首先，她蹲下身子，或许平视，或许微微仰视孩子，让孩子感觉到平等和尊重，搭建了顺利沟通的心理平台。然后通过仔细观看叶子，这一个体态语言的小细节，更突出了教师对孩子的认真态度。接下来，教师竖起拇指赞美孩子，彻底扭转了孩子低落的情绪，最后以轻轻拍背这个亲近型体态语完成了整个沟通。

这一个短短的沟通过程，教师对体态语言的恰当使用，是她对幼儿拳拳爱心的体现，是纯熟的教育技巧和高度的教育智慧的完美结合。在成功化解小小教育危机的过程中，实现了对幼儿的引导交流，同时也给实习老师上了生动的一课。

### 资料贴吧

教育家陶行知在担任育才小学校长时，某一天在校园里看到男生王友用泥块砸自己班上的男生，当即斥止了他，令他放学时到校长室里去。

放学后，陶行知来到校长室，王友已经等在门口准备挨训了。可一见面，陶行知却掏出一块糖果送给他，并说："这是奖给你的，因为你按时来到这里，而我却迟到了。"王友惊疑地接过糖果。随之，陶行知又掏出一块糖果放到他手里，说："这块糖也是奖给你的，因为当我不让你再打人时，你立即就住手了，这说明你很尊重我，我应该奖你。"王友更惊疑了，他眼睛睁得大大的。

陶行知又掏出第三块糖果塞到王友手里，说："我调查过了，你用泥块砸那些男生，是因为他们不守游戏规则，欺负女生；你砸他们，说明你很正直善良，有跟坏人作斗争的勇气，应该奖励你啊！"王友感动极了，他流着眼泪后悔地说道："陶……陶校长，你……你打我两下吧！我错了，我砸的不是坏人，而是自己的同学呀！……"

陶行知满意地笑了，他随即掏出第四块糖果递过去，说："为你正确地认识错误，我再奖给你一块糖果，可惜我只有这一块糖了，我的糖送完了，我看我们的谈话也该完了吧！"说完，就走出了校长室。

资料来源：豆丁网 http://www.docin.com/

【练一练】

1. 娟娟因为妈妈生病了，所以在幼儿园里不开心。请设计一段沟通语，让娟娟能够放下内心的小包袱，愉快地学习。

2. 请你就幼儿园师生沟通情况做一个小调查，调查结束后写出一个调查报告，字数不低于 500 字。

3. 请设计一个"转移兴趣点"的教育案例。

## 二、劝慰语训练

劝慰语是教师对幼儿施加的劝说、安慰性教育语言。幼儿心智不成熟，自控能力差，适应能力也很弱，对外界刺激很敏感，在幼儿园中常常会产生失望、无助的情绪，或者有时候感觉受委屈或遭受挫折，进而情绪低落甚至哭闹，这时候教师应该及时地劝慰幼儿。

运用劝慰语要注意以下几个方面。

### 1. 针对幼儿的不同性格劝慰

幼儿虽然身心发展远不成熟，但也分为四种基本类型：胆汁质、多血质、黏液质、抑郁质。胆汁质幼儿精力非常充沛，喜欢运动，探索欲望很强，但缺点也很明显：固执，容易因冲动与别人发生冲突。多血质幼儿聪明伶俐，适应力、接受力很强，喜欢表现自己。缺点是容易粗心大意，且做事缺乏持久性。黏液质幼儿有较强的自制力，做事的持续性也比较强。性格偏内向，与他人交往时缺乏主动。抑郁质幼儿内向性非常明显，缺乏安全感，不喜欢被众人关注，情感较封闭，胆子小。但也有优点，对人对事都很认真，忍耐力强，做事能持久。

教师劝慰幼儿时，要充分考虑到幼儿的性格特点。对于胆汁质和多血质的幼儿，教师要设法吸引幼儿的注意，把他们的焦点从引起其不安、不快的事物中转移，同时劝慰语言要直接、明确。对于黏液质的幼儿，教师在劝慰时先要设法站在他们的角度来表示理解、同情，然后再进一步劝慰；对于抑郁质幼儿，教师必须有足够的耐心，要用明快的语言来表达教师对幼儿的关爱，要用乐观的情感来带动幼儿，使其情绪逐步走出低谷。

### 【范例】

开学伊始，时时传来新入园宝宝的哭声。渐渐地，刘老师的手臂酸了，喉咙哑了，宝宝们也慢慢适应幼儿园的生活。可是，每个班里，总是有个别的孩子迟迟不适应。吃点心时，午睡后，许是想到了家里酸甜的饮料，许是梦见了妈妈亲切的笑脸，丫丫总是恬念着妈妈。长时间受着哭声的"洗礼",刘老师的喉咙开始沙哑,热情也渐渐有了些许的褪色。对于丫丫"执着另类"的哭喊,渐渐产生了一丝厌烦。

午睡开始,丫丫又开始了她"情有独钟"的哭问:"老师,妈妈什么时候来接我?""妈妈等丫丫睡觉起来就来了。"刘老师笑眯眯地对她说。丫丫躺在床位上,可不到五分钟,她又带着哭腔来问了:"妈妈呢?""妈妈就要来了,等丫丫睡觉起来就来了噢。"老师轻轻地说。丫丫用期盼的眼神看着,"老师,妈妈会来的,对吗?""对。"丫丫边看着边又躺下,小脸却仍是一副忐忑不安的神情。对她来说,也许时钟真的走得太慢,刚一会儿,她又问了:"老师,妈妈怎么还不来?""嗯,就要来了!"反复的追问让刘老师有些哭笑不得,可她仍是那么执着:"老师,现在几点了?"

时间老人似乎真的有点狠心,总也不肯快些走,还是离妈妈接宝宝的时间很远,丫丫有些等不及了,"老师,妈妈来了吗?"刘老师有一些厌烦,"等睡觉起来妈妈就来了,再问妈妈就不来了"。丫丫又躺下来了,可睡觉似乎并不怎么吸引她,很快她又来了,"老师,妈妈就要来了吗?""妈妈不来了。"此时,刘老师的耐心彻底被俘虏,除了厌烦还是厌倦。"啊——"丫丫终于忍不住大哭起来,似乎在呼唤着,"妈妈你怎么还不来,妈妈你真的不来接宝宝了吗?"丫丫的大哭,让刘老师感到了愧疚,丫丫是如此的委屈和不安。小小鸟离开妈妈的爱巢,羽翼还是如此稚嫩,此刻她是多么需要老师的爱护和宽慰,而老师竟是如此的不近人情和缺乏耐心。何时开始连那一点点的安慰也对她如此吝啬呢?刘老师抱起丫丫,拿起一张餐巾纸轻擦她脸上的泪珠。"刘老师最喜欢丫丫,丫丫不哭,妈妈已经在路上了,就来了。"丫丫的天气发生了骤变,稚嫩的天空升起了一道美丽的彩虹。

资料来源:幼儿园随笔网 http://www.hlzzzw.com/

评析:或许教师轻轻的一句回答是那样的轻描淡写,可对孩子来说那却是如此的宝贵,似一股暖流冲走心中所有的不安和委屈。可谓"淡淡的话语,浓浓的安慰"。

### 2.选择正确的态度劝慰

幼儿教师在对孩子进行劝慰时,必须用正确的态度来对待幼儿,用正确的态度对待发生的事情,这是施加劝慰语的前提。

幼儿之间发生矛盾冲突,一方或双方需要劝慰时,教师首先要调查清楚事情的始末,分清对错是非,在此基础上进行有针对性的劝慰。但不能把劝慰当作唯一目的,为了劝慰而劝慰,甚至不惜颠倒是非。教师要努力做到劝慰当中有引导,安抚过程含教育。

劝慰幼儿,还要注意对幼儿加以同情,但不是怜悯,更不能随意责备。

**【范例】**

幼儿园里分发玩具，丁丁想要磊磊的小汽车，磊磊不给，两个小朋友争抢了起来。丁丁动手打了磊磊几下，丁丁哭了。实习老师听到哭声后，马上走过来。

老师：丁丁怎么哭了啊？不哭，不哭了。

丁丁：我要玩汽车，他不让。

磊磊：这是我的汽车！

老师：磊磊，你怎么能这样呢？怎么这么不懂事，都把丁丁弄哭了，做得非常不对。

磊磊：是他不对，他抢我的汽车。

老师：你还说！就是你不对！要不是你，丁丁怎么会哭呢？

丁丁：呜呜呜……（哭得更厉害了）

老师：你马上给丁丁赔礼认错！

磊磊：（委屈地哭了）呜呜呜……

**评析**：幼儿之间争抢东西是很常见的一种现象，有了矛盾冲突就得解决，因此，幼儿教师常常需要就此对幼儿进行劝慰。但本案例中的实习老师在劝慰时，处理得过于草率，没有调查清楚事情的来龙去脉就轻易下结论，结果不但没有劝解成功，反而使情况变得更糟了。

**【练一练】**

1. 三岁半的乐乐生病了，两个星期没有去幼儿园。等病好了去幼儿园时，她一走到教室门口就哭了起来，你作为乐乐的教师，怎么去安慰乐乐？请设计合适的劝慰语。

2. 一个孩子爬到攀登架的最上面，骑在横杆上面。大家都很惊慌，怕处理不当酿成事故。你如何劝慰孩子？

## 三、启发语训练

教师教育语言的启发性，是指教师的教育语言能够诱发儿童思考并让他有所领悟。教师运用具有启发性的语言，是调动幼儿学习和思考的主动性和积极性，发展幼儿智力的有效手段，是"幼儿是学习的主体"这一要求的具体体现。幼儿教育中经常使用的"支架式教学"，就要求教师的语言和其他指导行为像一个必要的"脚手架"，启发幼儿的"学"，支持幼儿不断建构自己的心灵世界。

常用启发语技巧具体包括以下几点。

### 1. 提问

提问是幼儿园教育活动的重要组成部分，教师有效的提问对教育效果的实现具有重要作用。有效的提问不仅能激发幼儿学习兴趣、引导幼儿思维，还能促进师生对话，使师生一起发现问题，共同探索问题，解决问题，达到有意义的互动、交流，从而获得新知和发展。但在幼儿园教育活动中，有不少教师在进行提问时，并不能很好地从幼儿学习中存在的问题出发，表面上热闹活跃，而是大多出自教师教学的需要，对幼儿的有意义学习并未促进，甚至成为了一种阻碍。幼儿是一个非常特殊的群体，因其知识结构及思考能力的多种因素限制，他们不可能对一个问题有多方面、深层次的思考，不能做到很好地把握问题的内涵，因此，教师的提问要符合幼儿的年龄特性，问题的难度要适宜，提出的问题使幼儿能够接受，在幼儿理解内容的基础上进行教学。在教育活动过程中，教师提问应具体明确，以便幼儿回答。因为幼儿经验少，对许多概念还不是很明确，提模糊不清的问题，容易对幼儿产生误导，发生不必要的错误，浪费教育活动时间，耽误教育目标的完成。教师在教育活动中可以根据具体的目的，合理地安排问题的难易次序，一般以认知性问题在前，理解性问题次之，创造性问题最后。这样，既体现了教育活动中教师由浅入深的引导，又为幼儿积极主动的、创造性的学习提供了"脚手架"。

【范例】

几个男孩在搭建"高速公路"。教师开着"车"停下来问："我的车在哪里交费？""对不起，还没建好呢，请过一会儿再来！"

教师注意到他们只搭了两条同向通行的车道，于是又问："回来时我从哪里走？"孩子们一看不对劲儿。"哎呀！对面来的车要是也从这儿过，不是要撞上了吗！赶快在旁边搭条反向的车道吧！"可是，建筑区已经没有地方了。孩子们你看我，我看你，不知如何是好。教师在旁边出了一个主意："有没有什么资料可以查一查啊！"一句话提醒了他们。一位小朋友从一幅公路图片上受到启发："我们可以像搭立交桥似的，搭一个立体双层公路收费站！"

资料来源：中国幼儿教育网 http://child.cersp.com/

评析：在上例中，教师发现了幼儿游戏中存在的问题，就通过提出"我的车在哪里交费？""回来时我从哪里走？"的问题，提出了具有挑战性、能引发幼儿新旧经验之间冲突的任务，引导幼儿意识到问题之所在；再通过提醒和点拨提供了解决问题的线索，有效地启发幼儿自己想出解决问题的办法：搭一个立体双层公路收费站。

有针对性的提问、机智的点拨和诱发幼儿联想的讲述，都是教师运用语言启发和诱导幼儿积极主动、大胆地探索外部世界，建构自己知识和经验的重要方式。

对于不同的年龄班，提问的要求有所不同。教师应该从幼儿的实际情况出发，对小班的提问应具体明确，小问题一个一个地问，不可以提几个连续性的问题；大班则不能提太简单的问题，要提些有点深度、概括性的、多样性的问题；中班幼儿适中即可。

### 2. 举例

举例也是启发语中常用的方法。幼儿的认知及思维水平不高，难以分清事物的主次、表里、本质与非本质等内容。教师在启迪幼儿的时候，如果能举一个幼儿熟悉的例子来帮助说明道理，就会把抽象的道理变得更为形象，易于幼儿理解。这种方法也叫类比法，优点是简单方便而且有效。

**【范例】**

春游的时候，大（三）班许多学生都带了各种各样好吃的，有蛋黄派、薯片、烤馍片、雪碧、冰红茶等，甚至有学生带了肯德基。肖扬只带了妈妈给烤的一个馒头、两个小火腿肠和一瓶白开水。吃饭的时候，有个同学笑话她，说她的东西"难吃死了"、"寒碜"。肖扬觉得他说得不对，但又说不出道理，难过得哭了。老师先批评了那位同学，然后转向了肖扬："肖扬是个好孩子，不比吃、不比穿，家长给什么就吃什么。你的爸爸妈妈也都是好家长，对自己的孩子不娇惯，让你从小养成艰苦朴素的好习惯，老师非常喜欢你。以后啊，要是还有谁笑话你，你就告诉他：周恩来爷爷当了大官后，衣服破了还要补上一块儿继续穿；朱德爷爷当了大元帅之后还吃苦菜；拿破仑小时候，家里很有钱，随时都可以吃美味的白面包，可是他故意让他妈妈给他做不好吃的黑面包，就是为了锻炼自己吃苦的能力，将来长大后才能做大事。所以呀，老师觉得你是光荣的，将来一定会很有出息的。"肖扬听了之后，破涕为笑。

资料来源：徐增敏. 幼儿教师口语训练[M]. 北京：教育科学出版社，2012.

**评析**：对儿童进行启迪，让他们明白道理、认识事情的本质必须深入浅出。本案例中，针对其他小朋友对肖扬的嘲笑，教师首先肯定肖扬是个好孩子，从而否定了别人的讥笑，否定的理由很具体："不比吃……"然后用赞美的语气表扬肖扬的家长，再通过三则伟人的事例，揭示出"不比吃穿是好习惯，将来可以有 出息"的道理。

### 3. 设喻

设喻在启发语中的作用与举例大致相同，通过设喻，可以使模糊的道理变清晰，抽象的概念变具体。但是设喻也有其不同于举例的特点，一是要求学生有一些抽象思维能力；二是所需阐明的道理比举例子说明的道理要更复杂深刻，对幼儿来说难以用普通解说性语言说透。

**【范例】**

到了学习做幼儿广播体操的时间了，班里的小朋友们又来到了操场，在老师的指导下，排好队，开始跟着老师学做操。轻松的节拍、欢快的儿歌，小朋友们一招一式地做着各种动作，学得非常认真，但是老师注意到丛丛有点注意力不太集中，站的位置有点不正，还不断地往周围看。天高气爽，正是秋天，忽然一群大雁飞过，嘎嘎地叫着，吸引了大家的注意力。老师这时候就让大家停下来，说："小朋友们快看看天上的大雁，它们都在跟着第一只领头的大雁，飞得整齐不整齐？"小朋友们齐声答道："整齐！""我们学做操，是不是也应该像大雁那样排好队、认真地做呢？""应该！""丛丛，你说呢？应该像大雁那样吗？"老师又单独问了一遍丛丛这个问题，丛丛听懂了老师话里对自己的提醒和批评，马上点头说："应该，我做操也要整齐。"

资料来源：徐增敏. 幼儿教师口语训练[M]. 北京：教育科学出版社，2012.

**评析：**保持队形整齐是做操的基本要求，幼儿教师可以直接提出要求，也可以生动地阐明这个要求。本案例中，教师发现丛丛做操时站队不整齐，便抓住大雁飞过头顶的时机进行教育。教师以大雁的队形整齐来比喻、说明幼儿做操时队形整齐的重要性。教师还向排队不整齐的丛丛单独发问，进一步提醒他，强化教育效果。

### 4. 暗示

暗示教育是采取暗示的方法表达教师的意见，使幼儿悟出应该怎样做，从而淡化用语言说教的痕迹，达到教育的目的。人们通常会认为，暗示教育应该用在大孩子身上，对于幼儿用不着暗示，可以直言不讳。其实不然，幼儿虽然年龄小，自控能力差，但他们仍有很强的自尊心，暗示教育不仅能激发幼儿下意识的心理活动，而且能让他们在轻松愉快的气氛中接受教育，积极地改正缺点，形成良好的行为习惯。

**【范例】**

冬天做早操，某幼儿园中班里老是有几个小朋友懒懒地不愿意跟着老师做起来，点名批评他们的效果并不大。批评过重还会损伤孩子们的自尊心，使孩子们产生逆反心理。

对此，该班胡老师想起幼教理论中有关暗示教育的应用案例，决定进行一次教育实践创新。某天早操后回活动室谈话，胡老师故作惊慌地告诉小朋友："今天楼上有个陌生的老师一直在注视我们班的小朋友，说我们班的孩子中有的小朋友做早操可好看了，但有个别做早操不认真，站着一动不动呢。陌生的老师说看到这些不动的孩子她很不开心，希望我们小朋友下次一定要好好做起来。"接下来的几天里，每逢活动、早操之前，胡老师都会暗示孩子们，告诉他们陌生的老师仍然待在楼上悄悄地看我们小朋友，她希望看到我们小朋友认真做早操的样子。果然这些天，这些孩子做早操时再没有懒懒地站着的了。实践证明，暗示起了重要作用。

资料来源：小精灵网站 http://new.xjlet.com/

评析：由于幼儿生理和心理的不成熟，通过暗示，可以保护幼儿的自尊心，同时激发了幼儿好好做操的信心。

【练一练】

1. 某幼儿园有个小朋友，他有个坏习惯，就是喜欢嘲笑人。设计一交流活动，运用提问、暗示等方法帮助该小朋友改正错误。

2. 设计一小班活动课"春雨"积极启发引导幼儿，让每个幼儿开启思维的闸门，张开想象的翅膀，进行创造性的讲述。

## 四、激励语训练

激励性言语行为在幼儿的成长过程中会起到不可估量的作用。对幼儿要以不同形式的激励来培养他们的控制能力。同时，对那些暂时抑制自己冲动性行为的幼儿，更要多次通过言语或其他的形式进行反复的强化和行为训练。比如，教师可以用正面积极的激励言语，针对他们较为突出的方面进行鼓励，以表扬优点来促进他们改掉缺点，从而使他们养成良好的学习习惯和学习的坚持性。或让幼儿当小值日生，做一些力所能及的事，为小朋友服务，以此来规范他的行为习惯，使其形成合作意识及团队精神。激励性言语行为可以帮助幼儿形成良好的行为和学习习惯，培养他们的自制力及自制的坚持性，还可以潜移默化地从心理的角度影响他们的意志品质，促进其个性的健康发展。

在运用激励语时应注意以下问题。

### 1. 运用正面积极的激励，让幼儿获取成功感

幼儿教师面对的是同一班级的幼儿，但由于每个孩子的生活经验、家庭背景、个体素质、性别、性格等不同，每人孩子的兴趣、喜好、情感体验、需要，都会有所差异，他们对教师语言的接受能力也大为不同，同样的一句话，在不同性格的孩子身上所产生的效果就有很大差别。因此，作为幼儿教师更需关注幼儿与幼儿之间的个体差异，采用"因人用语"的方法与幼儿进行沟通、交流。比如说，对性格较为敏感、胆小紧张的孩子，应更多地采用亲切的语调、关怀的语气对他们说话，以消除其紧张心理，得到他们的信任。

【范例】

有一次，在组织大班科学教育活动"电池宝宝"时，老师带来了电动玩具，目的是让幼儿知道装电池是有方向的。老师引导说：老师这儿有许多小玩具，请小朋友拿一节这样大小的电池，看看谁能使这些电动玩具动起来。在活动中，好多孩子装对了，看见

玩具动了起来激动得大声欢呼。这时老师看见芷荟小朋友因胆子很小，不敢主动尝试，看到别的小朋友都装好了，就想把电池偷偷藏起来。这时老师悄悄地走过去，在她耳边告诉她说："这是电池的头，这是电池的屁股，把电池屁股放在弹簧上，头儿顶在帽子里。"她按老师的说法一放，玩具真的动起来了，她脸上绽放出开心的笑容。这时老师有意识地问她："你是怎样让玩具动起来的？"她非常自信地告诉其他小朋友："我是把电池的屁股放在弹簧上，头儿顶在帽子里。"老师马上鼓励和表扬她："你的这个发现真了不起！"老师的鼓励使芷荟获取了成功感，以后她胆子慢慢地大了，性格也开朗了许多。

资料来源：百度文库 http://wenku.baidu.com/

**评析**：对幼儿多说些激励的话语，有利于促进他们自我意识的发展，使他们敢于表现自我，敢于大胆尝试。教师在教育活动中，要充分利用爱的语言去鼓励孩子。教师不妨说："我相信你一定行的！""你真棒！""你很能干！"等等，让他们相信自己能做好。

### 2. 运用包含期待的激励，激发幼儿的表现欲望

有些幼儿平时沉默寡言，性格内向。对于这样的孩子，一点一滴的进步都需要得到教师的肯定，需要教师给予表扬和鼓励。通过日常生活中经常性的关注、启发，激励他们不断地进步和提高。

【范例】

有一个叫童童的小男孩，因其父母离异，变得性格非常封闭，不爱说话。针对这种情况，老师决定采取"一对一"的办法，帮他走出阴影。每天老师都单独教他一首很短的儿歌和歌曲，第二天早上让他唱给班上的小朋友听。开始他的声音总是很小，为鼓励他更加大胆，每次唱完后，老师总是鼓励他："你唱歌真好听，希望以后能常听到你更响亮、更好听的歌声，好吗？"小朋友们从老师的话语中似乎领悟出什么，每当他唱完后，小朋友们都一齐为其鼓掌喝彩。后来老师的期待终于成真，童童终于走出了心理的阴影。

**评析**：教师根据童童的性格，运用包含期待的激励，促使童童完成对自我的突破。体现了该教师对幼儿深深的关爱和对教育事业的责任感。

### 3. 适时运用语言激励，把握幼儿的兴趣和优势

幼儿时期的孩子往往自信心不足，他们害怕失败，不敢大胆尝试。他们常常会沮丧地说："老师，我不会！""老师，我不行！"这时老师一句激励的话语，对孩子来说显得尤为重要。

【范例】

幼儿园大班举行活动，主题是"做未来的科学家"。老师拿出一个小盒子，非常神秘

地让大家一个一个轮流看里面的东西。老师说：里面装着的是"一张未来科学家的照片"。其实，盒子里放的是一面镜子，每一位同学看到的都是自己的形象。老师所说的"未来科学家"指的就是班上的每一位同学。小朋友们高兴起来了，这时候老师说道："是的，小朋友们，未来的科学家就是你们呀！你们现在是祖国的花朵，将来是伟大祖国的建设者，很多很多光荣的任务需要你们去完成，很多很多重要的事情等待你们去研究！但是，要想成为一名科学家也很不容易啊，需要从小就勤奋学习，打好基础。让我们像窗外的小树一样，不断地汲取知识的营养，不断地增加自己的本领吧！"

资料来源：徐增敏.幼儿教师口语训练[M].北京：教育科学出版社，2012.

**评析**：让学生树立远大理想，养成勤奋学习的好习惯是每个老师的愿望。本案例中，教师举办"做未来的科学家"主题教育活动，结束之际，教师殷切寄语学生，既给他们指出"做未来的科学家"、"伟大祖国的建设者"的高远目标，又指出实现目标需要付出艰苦的努力。老师表述时语速较慢，语调平缓，语态亲切感人，充分表现了他对教育事业深深的责任感和幼儿的无比热爱。

**【练一练】**

1. 音乐课上，小朋友们都随着音乐唱歌跳舞，蹦蹦跳跳，非常欢快。王老师希望小朋友们自告奋勇到前面表演，很多幼儿都很兴奋，争先恐后举手上台。在老师的安排下，有几个小朋友得到了机会，高高兴兴地跑到前面，把儿歌和舞蹈给大家演示了一遍。台下的亮亮其实做得也不错，可就是有一个不足：胆子小，不爱在大家面前表现。设计激励语，鼓励亮亮上台表演。

2. 家豪是一个平时不太"守纪律"，课堂非常活跃却并不很认真的孩子，每节课都积极举手回答问题，但老师点名让他回答时，他却没有了答案，只是呵呵地笑，或者答非所问。为了不挫伤家豪回答问题的积极性，也为了让家豪遵守"想好了再举手"的原则，设计激励语，使家豪从原先的不能自制转变成正确积极地参与活动。

## 五、表扬语训练

"好孩子都是夸出来的"，这几乎是当前教育界乃至全社会的一个共识。人们听到"加油"二字，仿佛有了能量的源泉；有时，人们看到一段文字，内心一下陷入了低谷；有时，人们听到几句话，纠结的内心变得明朗；有时，人们想起某句名言，颓废的思想有了斗志。这是为什么呢？这说明，语言是有能量的。

教育家苏霍姆林斯基有这样一段名言："在拟定教育性谈话的内容的时候，你时刻也不能忘记，你施加影响的主要手段是语言，你是通过语言去打动学生的理智与心灵的，然而，语言可以是强有力的、锐利的、火热的，也可以是软弱无力的。"

幼儿园的一日活动中，教师的许多语言，往往都是固定思维模式下的无意识的语言，教师的一句话会给幼儿带来很大的影响。其中表扬语是教师对幼儿施加的肯定性评价用语，主要是为了赞美幼儿正确的思想和行为，并通过表扬巩固其优点，强化教育的效果。

运用表扬语，应注意以下几个方面。

### 1. 表扬要多样化，有针对性

有些教师在表扬幼儿时，不论幼儿做了什么事，说了什么话，取得什么进步或成绩，总是用单调重复的词汇，诸如"你真棒"、"真乖"、"太好了"之类，时间久了，重复次数多了，对幼儿的激励作用就会越来越打折扣。幼儿教师的表扬用语一定要针对具体的人和事，尽量减少重复用语。比如，有的幼儿帮助别人整理玩具，教师不应该简单地说"你真棒"，可以换个说法："宝宝帮助小朋友整理玩具，玩具整齐又漂亮，做得好！"

### 【范例】

贝贝平时上课注意力容易分散，今天他有进步，老师也很高兴，表扬道："今天，连贝贝都有了很大的进步。"这句话初听起来是在表扬孩子，但潜台词呢?在老师的心中贝贝已经被固定化地认为听课不认真，老师的表扬也在向其他孩子传达一个信息：贝贝不太可能有进步。幼儿园一些老师就这一案例是这样讨论的——"这样说伤害了孩子的自尊心。""要真正尊重幼儿，发现幼儿的闪光点，不能把幼儿定位于印象中的某一个表现。""有时我也常说这样的话，自己说时没觉得什么，当听众时才发觉这句话刺耳。"以前人们总认为批评会伤害孩子，其实，不只是批评，有时候表扬也会变成伤人的"暗器"，如不切实际的表扬、空洞的表扬、明褒暗贬。因此，表扬孩子一定要有真情实感，要及时、具体，哪怕是一个充满鼓励的眼神，孩子也能敏锐地捕捉到。

资料来源：中国幼儿教师网 http://www.yejs.com.cn/

评析：好孩子是夸出来的，而有针对性的、耐心细致的表扬，会让孩子觉得别人非常重视他，因此，他会特别开心，也会改正他的不足之处，这才是有效的表扬。

### 2. 表扬要适度，不可过分夸大

表扬对幼儿有激励作用，但是要注意适度，不能过于夸大。首先，过度赞美，可能导致幼儿不能客观正确地看待自己，易产生骄傲自满情绪，也可能会轻视他人，自我过度膨胀。其次，容易使幼儿形成悦人型人格倾向。家长和教师是幼儿心目中至高无上的权威，他们对幼儿的评价与态度会被幼儿当作自我评价的主要甚至是唯一标准。为了继续得到别人的表扬，某些幼儿会注意成人的对自己言行举止的评价标准，并以此调节自己的行为，取悦于成人，形成悦人型人格倾向，缺乏独立判断是非的能力，长大后其情绪容易被别人的好恶所左右，承受打击挫折的能力非常差，适应力不强，常常生活得不快乐，不自信。最后，教师如果在幼儿群体面前多次过度赞美个别学生，无形之中会让其他幼儿受到暗示，自觉相形见绌，自我效能感不强，潜意识中对自身产生否定性评价。

**【范例】**

俊俊一直是表现很好的小朋友，他性格内向，比较腼腆，他的理想是当一名军人，现实中老师都快把他看成一个小军人了。上课他坐得最直；吃饭时不挑食，而且不说话，吃得很快；睡觉也是第一个上床盖上被子就睡觉。几乎每天各个时段都能得到老师的表扬，"俊俊，你坐得真好!" "俊俊小朋友，第一个躺到床上睡觉的，真棒!" "看人家俊俊，上课听得特别认真!" 奖励也是如此，口头奖励、奖品奖励基本上都有俊俊的。久而久之，俊俊好像变得有点不一样了。有次在户外活动排队打滑梯的时候，发现俊俊插队了。于是老师提醒了他一次。回活动室喝水的时候他哭了起来。问他为什么，他说因为有小朋友当着他的面说他插队了。仅仅就因为小朋友的一句话，他就号啕大哭。其实这样的小事班上小朋友天天都会遇到，谁谁碰到我了，谁谁打仗了，谁谁没站好队之类的告状词。别的小朋友都不当一回事，老师提醒下就过去了。可是俊俊的反应特别强烈，吓了老师一跳。

资料来源：中国幼儿教师网 http://www.yejs.com.cn/

**评析**：到底什么原因造成俊俊如此脆弱？仔细分析了俊俊的情况，得出如下结论：如果一个人每天都听到太多的表扬，久而久之，他可能就变得过度自信。当有挫折来的时候，他的心理就非常的脆弱，承受不了负面的事物。尤其是像俊俊这样有些内向的孩子，过度的表扬可能就是慢性毒药，一步一步地将他带到一个太高的山崖上，一不小心他就可能会跌落。俊俊的问题值得作为幼儿教师注意并找到解决的方法，为了他的健康成长，应该逐步适当地减少一些表扬，让他从那个高高的山崖上回到地面上来。

### 3. 善用表扬促进幼儿转变

幼儿之间是有很大差异的，有的幼儿身上有很多不足，与其他幼儿相比显得错误多、失误多、能力差，管理教育难度大，教师感觉比较头疼麻烦。这种情况下，教师要善于利用表扬来促进幼儿转变提升，实现育人的目的。

**【范例】**

星期一早上，老师一早来到教室，看着一个个孩子高兴地入园，心情特别好。但有一个"小魔王"的到来却让老师的心情并不那么愉悦。那是班里的"调皮大王"陈泰希。他每天吃饭扔饭、爱脱鞋袜、爬高上低、乱扔玩具、上课发出尖叫、随意下座位等。

今天陈泰希像往日一样，早上又是第一个来到幼儿园，还拉着老师讲他星期天的开心事。玩玩具时，泰希却坐在老师的身边，一会儿帮她捶捶背；一会儿给她唱歌，老师心想：要是你每天这样乖该多好啊！上课时，老师发现泰希脸蛋红红的，一摸，"啊，好烫啊！"明白了，原来泰希发烧了。老师在全班面前表扬了泰希，说他今天表现特别好，很听话，他听了后非常高兴。当妈妈来接他时，他还舍不得走，说老师表扬了他。

这是一个渴望表扬的孩子，因为平时很调皮，老师批评过他很多次。但是这次当他生病了，却表现得那么讨人喜欢，老师意识到平日疏忽了对这个孩子的鼓励和赞美。

资料来源：新浪博客 http://q.xxt.cn/singleq/

评析：就像世上没有完全相同的两片树叶一样，每个孩子都是一个独立的个体，都有自己独特的行为习惯和个性，也都有自己的长处和不足。老师要善于发现每个孩子的闪光点，多强化孩子的优点，逐步让优点发扬光大，成为主流。多多发现孩子们的亮点，并及时表扬鼓励，是每位幼儿教师的责任和义务。

【练一练】

1. 上操之前，幼儿都忙着聊天打闹，丽丽却蹲在操场上，把小石子都捡了出来。在做完操后，教师让大家都回到教室。设计表扬语，树立学习榜样。

2. 有一天，英语老师组织了单词小竞赛，皮皮平实英语学习挺好，总能够得到老师表扬，可是今天由于粗心大意，错了一个单词，而好几个小朋友都得了满分。于是，英语老师就夸那几个小朋友，说他们是"最棒的"，这下皮皮就受不了了，哭了起来。你作为皮皮的老师，如何运用表扬语安慰皮皮？

## 六、批评语训练

批评是教育者对教育对象的缺点、错误提出的否定性的意见，它的意义就在于使教育对象知美丑，辨善恶，明是非。幼儿的生活经验贫乏，分辨是非的能力较差，自我控制能力较弱，经常会犯"错误"。为帮幼儿形成正确的道德意识、道德情感和道德行为，教师就必须对幼儿的不良行为及缺点进行批评、教育。

批评语主要有以下几种方法。

### 1. 尊重孩子，以情动人

幼儿虽小，但同样是有自尊心的。信任孩子，保护他们的自尊心，是通向有效教育的桥梁。幼儿的情感容易变化，他们常受外界情境的支配。假如教师的态度冷漠，言辞生硬，就会使孩子因反感而同教师疏远，甚至对立。反之，如果教师批评时深含的爱意让幼儿生出"惭愧感"，或让幼儿感受到老师对他有信心，自然能提高教育效果。

## 2. 注意场合，个别对待

幼儿犯了错误后，教师应尽量少在众多人面前严厉指责，高声喧嚷，否则会使幼儿思想紧张，情绪变坏，甚至失去自信。幼儿的个性有着明显的差异，教师应根据每个幼儿性格特点和心理活动规律等因素，用不同的语言形式和语调来进行批评。

## 3. 直观具体，恰当准确

批评语言是对幼儿不良行为的一种负强化，所以必须直观具体，否则幼儿很难认识到自己的错误所在。运用批评语言要尽量做到恰当准确，切不可随自己的情绪，上纲上线，乱发脾气，应善于自我控制，做到冷静理智，把握好分寸。

## 4. 巧用讲故事或打比方批评

教师在批评学生时不直接说明其错误，而是用举例子、讲故事、打比方的方法，让幼儿认识到自己的错误并加以改正，是一种效果比较好的教育方法。

**【范例】**

幼儿天真幼稚，年龄较小，对道理的理解往往不容易到位，他们有时还不能清晰地意识到自己错误的存在。老师对他们可采取旁敲侧击的方式，寓批评于讲故事、打比方或意味深长的动作、言语之中，促使学生深思、自责。著名教育家孙敬修见几个孩子在折树枝，便把耳朵凑过去，装出听什么的样子。孩子们好奇地问爷爷在听什么，他说是在听小树苗哭泣。"小树苗也会哭吗？""是呀！你们折了它，它当然要哭。它们说，它们长大好为大家作贡献呢，请你们不要损害它们。"孩子们听了，羞愧得脸也红了。后来，他们自动组织起护林小组。未发一句责备的话，却取得了一般批评所难以取得的效果。

资料来源：豆丁网 http://www.docin.com/p-71936985.html

**评析**：每个孩子都有一颗富有想象力的心，好奇、好动是他们的天性。在这个案例中，孙敬修用间接引导的形式告诉幼儿如何爱护周围的环境，运用这样的方式，既保护了幼儿的自尊心，又起到了很好的效果。

## 5. 在批评中伴随表扬和肯定

教师在批评学生时不仅仅看到学生的错误，还在批评中伴随着肯定，可以让学生既认识到自己的错误和差距，也看到自己的优点和希望。这样可以减少教育对象的抵抗性心理，容易取得理想的教育效果。

**【范例】**

明明是个聪明好动的男孩，可是，每当老师、小朋友指出他犯的错误时，他总是百般辩解，不愿认错，还有点不服气。一次美术活动课上，老师让小朋友画长大了的"我"。

明明画了一会儿，忽然说他没有纸。老师分明看到他画好了自画像，这是怎么回事呢？于是他就问明明："你的纸呢？"明明说："小组长没发给我。"小组长急忙说："我发了呀！"老师接着说："是不是你撕坏了纸？"明明仍坚持说没发给他纸。老师又耐心地告诉他，如果不小心把纸撕坏了，老师是不会批评的。明明听了仍然不停地重复着："我就是没领到纸，就是没有！"他的样子表现得很坚定。恰好这时他的裤兜里掉出了那张画纸，老师正想批评他，只听他嘟哝道："我就是怕老师批评我才胡说的嘛。"老师微笑着把明明领到一边，悄悄地对他说："你是一个好孩子，好孩子也会有做错事的时候。以后不小心做错了事要和老师说，老师保证不随便批评你！我们拉钩好吗？"明明高兴地伸出了小手。从这以后他上课爱听话了，各方面的行为表现有了很大的进步。

　　资料来源：徐增敏. 幼儿教师口语训练[M]. 北京：教育科学出版社，2012.

　　**评析：**教师的言行对幼儿的影响很大，作为教师一定要注意自己的言行，对幼儿要学会在肯定中批评，处理问题时要控制自己的情绪，想一想怎么做才能使幼儿的人格得到健康的发展。要本着以儿童身心健康发展为目的，对幼儿进行肯定式批评。

**【练一练】**

1. 孩子们玩完"开商店"的游戏后，一位小朋友把当作钱的卡片装进了自己兜里。根据此情景设计合适的批评语。

2. 小朋友们分组上厕所。可是有几个小朋友总在里面玩耍、聊天，磨蹭半天才出来。请设计合适的教育口语。

**【课后练习】**

1. 幼师教育口语的类型主要有哪几类？

2. 试用教育口语的特点分析下例中幼师的教育失败在哪里？

某老师："对付孩子的午睡有两招。第一招是摔门。摔门的震撼足以压下他们的哄吵。第二招是吼，比如'某某某，你干嘛呢？''好了，我看谁还没睡？''我看谁还在那说话'。"

3. 技能实训：设计教育口语

三个中班的小朋友在玩开汽车的游戏。乐乐开着汽车把亮亮的汽车撞翻了。亮亮立即大声地对乐乐说："不准撞我的汽车！"乐乐没有反应，他再次发动"袭击"。这时，亮亮对乐乐嚷道："不准撞我的汽车，我要生气了！"乐乐还是不说话，反而招呼壮壮一起去撞，于是，乐乐和壮壮一起去撞亮亮的汽车，亮亮看见心爱的汽车被撞翻在地，生气的拉过壮壮的胳膊就咬。这时老师过来了，看到这一场景……

# 附录1
# 讲故事练习

此部分故事的主要来源：

王旭昌. 语言表达[M]. 青岛：青岛出版社，2012.

燕子姐姐讲新故事 3. ISRC CN-E01-02-435-00/A·I. 上海：中国唱片上海公司.

燕子姐姐讲新故事 4. ISRC CN-E01-02-436-00/A·I. 上海：中国唱片上海公司.

### 大灰狼与七只小羊

很久以前，山羊妈妈和七只小羊生活在一起。一天，羊妈妈要出远门，她叮嘱小山羊："你们在家要小心大灰狼，它的声音沙哑，四足发黑，一眼就能认出来！"吩咐完，羊妈妈便出发了。

不久，大灰狼果真来了，在门外喊道："快开门，是妈妈回来了！"

"不开不开！"小羊们回答，"你的声音那么沙哑，妈妈的声音可比这个好听多了。你肯定就是大灰狼！"

"哎，被戳穿了，真倒霉！"大灰狼懊恼地说着回去了。

大灰狼吃了点粉笔后（粉笔能让声音变得动听）又返回来了。他来到门前说道:"是妈妈,赶快开门,我带了好多的礼物,快快开门呀!"

"让我们看看你的脚!"小羊们回叫道。

大灰狼于是把脚放在了窗子外。

"好黑的一只脚啊,你是大灰狼!不给开门!"小羊们叫喊道。

听到这些,大灰狼便匆忙跑到面粉铺,用面粉把脚涂白后又回到门前。

小羊们这次看到白色的脚,于是高高兴兴地把门打开了。大灰狼跳进屋里,片刻间把小羊们一只一只地吞进了肚子里。最后只剩下躲在大钟里的一只小不点幸免了。

山羊妈妈回到家里不见孩子,呼喊名字也没人答应,只有最小的一只从钟表盒里战战兢兢地走出来。羊妈妈赶忙冲出屋外,看见大灰狼吃得饱饱的,正在呼呼地睡大觉呢。

于是羊妈妈便用剪刀咔嚓、咔嚓剪开大灰狼的肚子,救出了还活着的六只小羊。接着羊妈妈带领小羊们去搬来石块填到了大灰狼的肚子里。

不久,大灰狼醒来了,感到口渴,便走到了水井边。由于肚子里的石块太重,大灰狼失身扑通跌入了井里,咕嘟咕嘟沉到了水底。

## 兔子和乌龟

乌龟慢慢悠悠地走在回家的路上。它的家位于池塘边上。这时一只兔子蹦蹦跳跳地过来了。"乌龟你真的太慢了,在你到家之前太阳就要落山了。"

乌龟生气地说:"我在特殊情况下也可以跑得很快的。"兔子笑着说:"那什么是特殊情况啊?"兔子稍微想了一下说:"好吧!明天早上我们比赛跑到对面山冈上!那就是你所说的特殊情况!"

乌龟回答说:"知道了,比就比!"

第二天早上,乌龟和兔子朝着山冈顶峰出发,兔子蹦蹦跳跳地渡过河,穿过森林,越过田野。当到达山冈斜坡上的时候,兔子回头看了看,却丝毫看不到乌龟的影子。

"哼……这是什么事啊!乌龟和兔子比赛本来就是个笑话。暂且在这里小憩一会儿。"兔子于是躺在旁边的草地里睡着了。

过了很久,乌龟才走到兔子待的地方。因为拼命地走,所以累得满身是汗。但是当看见正在睡觉的兔子后,乌龟微笑着说:"对不起,我先走了。"

就这样,兔子输给了乌龟。

## 慌慌张张的莎莎

"莎莎,快起床!起来,穿衣服了!"妈妈对莎莎喊。莎莎醒过来,可她不想起床,还想再躺一会儿。

妈妈又高声喊起来。莎莎没办法,只好起来。莎莎要穿袜子,可是,一只袜子不见了。

妈妈和莎莎一起找。椅子上，地上，沙发上都没有。妈妈抱起被子一抖，"啊呀！找到了，就在被窝里呀！"

鞋子在哪儿呢？"在窗台上呢！"妈妈生气地喊起来。

莎莎找一样往书包里塞一样慌慌张张拿上书包。"妈妈，我还没吃早饭！""带上面包和牛奶，快走吧！"妈妈一边看手表，一边喊。

莎莎一边走，一边啃面包、喝牛奶。她忽然想起来，自己还没刷牙、没洗脸呢。"每天早上都是这么慌慌张张的！"妈妈经常生气地对莎莎说。

莎莎听见远处传来上课的铃声，她心慌得砰砰乱跳。"糟糕！今天又迟到了。"

放学回家后，莎莎心里很难过，她想：以后怎样才能不迟到呢？

资料来源：王旭昌.语言表达[M].青岛：青岛出版社，2012.

### 小河马有用处

森林里举行"看谁本领大"的比赛，小河马在各项比赛中都输了，大家都叫它"没用处"，它羞得躲到大树下哭了起来。

小鸟看见了，说："别哭，别哭，各人都有自己的特长，我看你嘴巴大，就跟我学唱歌吧。"

小河马高兴地跟小鸟学唱歌，可它的嗓门儿太大，震得大家捂起耳朵叫"真难听"，小河马难过得快哭了。

狮子见了，说："你的眼睛亮，跟我去学打猎吧。"可小河马不愿伤害小动物不想学打猎。狮子摇摇脑袋走了。小河马低下头又想哭了。

一个骆驼运输队经过，小河马想，我的腿和胳膊都很粗壮，去参加运输队吧！可没走多远，它就累趴下了。小河马心里真难过呀！

青蛙厨师对小河马说："瞧，你的肚子圆圆的，跟我一样，就学做菜吧。"可小河马的手太粗了，怎么也不能把菜切得很细。

小河马没精打采地回到河边，一个人生闷气，自言自语地说："哎！我真没用处！"

这时，一只小松鼠要过河，可河上没有桥。小松鼠说："河马大哥，你的力气大，又会游泳，请你背我过河吧。"小河马乐意极了，驮着小松鼠过了河。

这下小河马终于发现：原来谁都有一定的用处。于是，它在河边挂了一块牌子，上面写着"免费渡河"。小河马终于找到了自己的用处。

资料来源：王旭昌.语言表达[M].青岛：青岛出版社，2012.

### 懒惰的毛迪

毛迪是一只懒惰的小熊。扫帚倒在地上，妈妈喊："毛迪，快把扫帚捡起来！"毛迪钻到窗帘后面躲起来，说："妈妈，我不在！"

妈妈叹口气，自己捡起扫帚。下雨了，妈妈喊："毛迪，快把晾在外面的衣服收进来！"毛迪捂住耳朵，说："妈妈，我没听见！"

妈妈叹口气，放下洗了一半的菜，跑出去收回已经被淋湿了的衣服。

吃饭的时候，毛迪把饭粒掉在地上，妈妈说："毛迪，快把饭粒捡起来！"毛迪捂住眼睛，说："妈妈，我没看见！"妈妈又叹了口气，弯下腰捡起了饭粒。

过了几天，妈妈累得病倒了，再也不能做饭了，也不能洗衣服、整理房间了。毛迪没有东西吃，没有干净的衣服换，好难受！

"妈妈，您好点了吗？"毛迪站在妈妈的床前，哭着问。"不好！"妈妈无力地摇摇头。

爸爸不在家，只有靠毛迪来照顾妈妈了。毛迪把脏衣服收到一起，放进洗衣机，又把地扫得干干净净，然后挎上购物篮，出门去买面包。

大家看见了，夸赞说："毛迪变得懂事了！"躺在床上的妈妈听见了，开心地笑了。

资料来源：王旭昌.语言表达[M].青岛：青岛出版社，2012.

## 重要的电话

有个叫卡秋莎的小姑娘，妈妈是医生，爸爸在外地工作。卡秋莎胆子很小，每逢妈妈值夜班，她总是逃到小伙伴莲娜家里去过夜。

有一天，妈妈又值夜班，临走时对卡秋莎说："卡秋莎，注意电话铃。今天有一个重要电话来！非常重要！"

妈妈刚走，卡秋莎就害怕了。她希望早点接到那个重要电话，通知在医院的妈妈，然后马上逃到莲娜家去。

一会儿，电话铃响了，卡秋莎扑过去，抓起电话筒一听，"唉，原来是人家拨错号了！"她失望地搁下了话筒。

天暗下来，屋里静得可怕，卡秋莎好像听见老鼠在走廊里跑动。地板上响了一下，她的心"咚咚咚"地跳个不停。

她决定到莲娜家去，刚拉开门，又想：我一走，要是哪个病人有急事打电话找妈妈，妈妈就不知道了。我不能走！

卡秋莎关上房门，在门背后放了张凳子，然后躺在沙发上，回忆故事里、电影里那些勇敢的人……不一会儿，她就迷迷糊糊地睡着了。

天快亮的时候，电话铃又一次响了起来，卡秋莎跳起来扑向电话。

话筒里传来妈妈的声音："卡秋莎，你没有逃到莲娜家去吗？""没有，我在等重要电话。""我打的就是那个重要电话，我要对你说，你是个勇敢的小姑娘。"

从此，卡秋莎再也不怕一个人在家里过夜了。

资料来源：王旭昌.语言表达[M].青岛：青岛出版社，2012.

## 雪孩子

有一天，兔妈妈要出门去，小白兔嚷着也要去。兔妈妈给小白兔堆了个雪孩子。小白兔有了小伙伴，心里真高兴，就不跟妈妈去了。

小白兔跳舞给雪孩子看，唱歌给雪孩子听。

小白兔玩累了，就回家去睡午觉。屋子里真冷，它赶快往火堆里添把柴。

小白兔添了柴，把火烧得旺旺的，屋子里就暖和了。它躺在床上，合上眼睛，一会儿就睡着了。

火越烧越旺，小白兔家着火了！可是，小白兔睡得正香，它一点儿也不知道。雪孩子看见了，一边喊，一边向小白兔家奔去。

雪孩子冲进屋子里，冒着呛人的烟、烫人的火，把小白兔抱起来，连忙跑到屋子外。

兔妈妈回来了，感谢大家来救火。小猴子、小刺猬说："是谁救了小白兔？真得谢谢它呢！"是谁救了小白兔？是雪孩子。可是雪孩子不见了，它已经化成水了。

不，雪孩子还在呢！瞧，太阳晒着晒着，它就变成很轻很轻的水汽，飞呀，飞呀，飞到天空中去，变成了一朵美丽的白云。

资料来源：王旭昌.语言表达[M].青岛：青岛出版社，2012.

## 金鸡冠的公鸡

从前，有一只猫、一只画眉鸟和一只金鸡冠的公鸡，它们一起住在树林里的一间小房子里。

猫和画眉鸟要到树林里去砍柴，它们叮嘱公鸡千万别把头探到窗外。

狐狸听说猫和画眉鸟不在家，就跑到窗下去唱歌："公鸡呀公鸡，金鸡冠的公鸡，你的脑袋油光光，你的羽毛丝一样，你把头探出窗口，我给你吃颗小豆。"

公鸡忍不住把头探出窗口，狐狸一把抓住它就往狐狸洞跑。

公鸡大声呼救："狐狸把我抓住，走过黑黝黝的森林，跨过急腾腾的河流，翻过高耸耸的山头……猫啊，画眉鸟啊，快来救救我吧！"

猫和画眉鸟听见了，马上来追，从狐狸手里把公鸡救了回来。

猫和画眉鸟又要去砍柴，它们严厉地叮嘱公鸡："你待在家里，千万别把头探到窗子外面，这次我们走得更远，是听不到你的叫喊声的。"

猫和画眉鸟刚走，狐狸又来了。它在窗下唱歌，又把公鸡骗走了。

猫和画眉鸟听见公鸡的呼救声，就来追赶。猫在地下跑，画眉鸟在天上飞。它们追上了狐狸，猫用爪子抓，画眉鸟用嘴啄，又把公鸡救回来了。

猫和画眉鸟又要去砍柴，它们非常严厉地叮嘱公鸡说："你千万别听狐狸的话，千万别把头探到窗子外面。我们这次走得更加远，是听不见你的叫喊声的。"

公鸡没有记住猫和画眉鸟的话，又被狐狸用歌声骗走了。

尽管公鸡叫了又叫，喊了又喊，猫和画眉鸟都没听见。等它们回家，发现公鸡不在了，就沿着狐狸的脚印去追。

来到狐狸洞口，猫调好琴弦唱了起来："特零零，特零零，金弦线的小提琴。狐狸在不在家中？在那热烘烘的狐狸洞！"狐狸觉得琴声和歌声很好听，就想出去看看。

狐狸一出洞，猫用爪子抓，画眉鸟用嘴啄，狐狸转身逃走了。

猫和画眉鸟救出了公鸡，用树皮篮子捧回家去。从此以后，它们太太平平地过日子，狐狸再也骗不了公鸡了！

资料来源：王旭昌.语言表达[M].青岛：青岛出版社，2012.

## 小苹果树请医生

果园里有一棵老苹果树和一棵小苹果树。

一天，老苹果树碧绿的叶子发黄了。它说："我的身体里钻进了虫子，咬得我很难受。我的妹妹就是被虫子咬死的。"小苹果树可伤心了。

小苹果树对喜鹊说："喜鹊先生，请您给老苹果树婆婆看看病吧！"喜鹊摇摇头，说它只会吃叶子上的虫子，治不了老苹果树的病。

小苹果树又请猫头鹰为老苹果树治病。猫头鹰说："好孩子，我只会捉田鼠，不会捉树干里的虫子。"小苹果树失望极了，眼泪一滴滴掉在地上。

第二天，一只啄木鸟用爪子抓住树干，用尾巴支住身体，用坚硬的嘴在老苹果树树干上使劲地啄起来。小苹果树见了，很生气。

啄木鸟把坏掉的树皮啄开，从洞里钩出几只大虫子来。小苹果树很吃惊。

老苹果树婆婆的病被啄木鸟治好了，它的叶子又长得绿油油的了，还结满了苹果。

有一天，啄木鸟从这里飞过，老苹果树和小苹果树齐声道谢，并请它吃苹果。啄木鸟说："谢谢你们，我还要去给别的树治病。祝你们健康！"

资料来源：王旭昌.语言表达[M].青岛：青岛出版社，2012.

## 会爆炸的苹果

小猪的苹果树上结满了红彤彤的大苹果，它很高兴。小鸟也来祝贺："太好了！小猪的苹果丰收啦！"

小鸟的叫声引来了狐狸。狐狸对小猪说："这苹果一定很甜，给我几个尝尝，怎么样？"看看狐狸的馋样，小猪摇摇头，说："想吃苹果，还是自己种吧！"

狐狸可不爱劳动，它想出了个坏主意。狐狸把几只大红气球拴到一棵树上，跑到小猪那儿说："我种了一棵新品种的苹果树，比你的苹果强多了！"

小猪好奇地来到狐狸的苹果树下，看见高高的树梢上挂着几个特别大的"红苹果"。小猪说："请你换给我一个苹果吧，我想用它做种子。"

狐狸得意地说："换可以，你要用好多苹果才能换我一个。"小猪答应用三筐苹果来换狐狸的一个大"苹果"。

狐狸准备上树去摘它的"苹果"了……远处的小鸟知道真相，着急地想："小猪，你可不能上狡猾的狐狸的当啊！"

小朋友，你觉得小猪会上狐狸的当吗？小猪怎样才能发现苹果是假的呢？

资料来源：王旭昌.语言表达[M].青岛：青岛出版社，2012.

## 小刺猬烫发

森林里，熊猫师傅开了一家理发店，许多小动物都来烫了漂亮的头发。

小刺猬也跑过来烫头发，好心的熊猫师傅劝他不要烫。小刺猬说："快烫吧，我要做森林里最漂亮的刺猬！"

熊猫师傅只好用火钳夹起它身上的刺烫了起来。刺猬为了赶时髦，疼得龇牙咧嘴也忍着一声不吭。

头发烫好了，小刺猬对着镜子前照后照，左照右照，心想：多美啊！这下我可是森林里最漂亮的刺猬啦！

小刺猬得意地昂着头，哼着歌，迈着舞蹈一样的步子，不紧不慢地走着，森林里的许多动物都好奇地看着他。

突然，小刺猬遇上一只大灰狼。大灰狼不怀好意地笑着说："刺猬老弟，你今天打扮得可真漂亮，还是到我肚子里来暖和暖和吧！"

大灰狼流着口水，朝小刺猬逼来。小刺猬把身子缩成一团，想竖起尖刺跟大灰狼作业，可弯曲的刺怎么也直不起来。

正在危急时刻，只听见"啪"的一声枪响，大灰狼倒在地上，小刺猬得救了。噢，小刺猬明白了……

资料来源：王旭昌.语言表达[M].青岛：青岛出版社，2012.

## 狼来了

从前，有个小孩每天赶着一群羊到山坡上去吃草。有一天，这个小孩子忽然大叫起来："狼来了！狼来了！"

在附近种地砍柴的人飞快地跑上山来救孩子，发现是这小孩子闹着玩呢，大伙很生气，叫他以后不要再说谎了。

过了几天，放羊的小孩子又喊狼来了。大伙儿又赶来，发现又上当了。人们生气地责备他说："你为什么又说谎？"

又过了几天，狼真的来了！张着血红的嘴巴，露出尖尖的牙齿，见了羊就咬，还来咬小孩子。小孩子连忙喊："狼来了！狼来了！"

这次没有人再来救他。幸亏他从山坡上滚下来，没让狼咬着。打这以后，这小孩子再也不敢说谎了。

资料来源：王旭昌.语言表达[M].青岛：青岛出版社，2012.

### 梧桐树寄信

天冷了，梧桐树想：我应该写信告诉青蛙、野兔和小燕子，冬天快来了，要注意保暖。它用黄叶当信纸写了起来。

第一封信给青蛙，第二封信给野兔，第三封给燕子。梧桐树摇了摇身体，把写好的三封信交给了邮递员——风阿姨。

风阿姨把信交给青蛙，青蛙正在挖洞。他说："我要在黑黑的屋子里一直睡到明年春天。谢谢风阿姨，梧桐树真好。"说完，青蛙钻进洞里了。

燕子妈妈来向梧桐树告别："你好，梧桐树！我和孩子们要到南方过冬，明年春天再见。"燕子飞走了，没接到风阿姨的信。

野兔来到梧桐树边，说："谢谢你，梧桐树！你的信我收到了。你看，我已经穿上了加厚的毛衣。你别只顾着关心别人，自己也添加一件毛茸茸的衣服吧。"

梧桐树晃动着身体，一片片树叶落下来。它说："我不需要毛茸茸的衣服，反而需要光秃秃的身体，这样才能度过寒冷的冬天。"野兔惊奇地问："为什么呢？"

说一说：梧桐树给小动物们的信上都写了什么？小动物们和梧桐树分别是怎样过冬的？

资料来源：王旭昌.语言表达[M].青岛：青岛出版社，2012.

### 萝卜回来了

下雪了，地里、山上都盖满了雪。小白兔到雪地里找东西吃，它找到了两根萝卜，想跟小猴一起吃。

小白兔抱着萝卜去找小猴。小猴不在家，小白兔吃了小萝卜，把大萝卜放在桌子上。

小猴子扒开雪，找到了几粒花生，它多高兴啊！

小猴带着花生想跟小鹿一起吃，发现了放在自己家的萝卜，就说：把萝卜也带去，和小鹿一起吃！小鹿不在家，小猴把萝卜放在窗台上。

小鹿扒开雪，嘿，雪地下有一棵青菜，它多高兴啊！

小鹿拿着青菜要跟小熊一起吃，发现了自己家窗台上的萝卜，就说："把萝卜带去跟小熊一起吃！"

小熊不在家，小鹿把萝卜放在小熊家门口。

小熊扒开雪，嘿，雪地下有几个红薯，它多高兴啊！

小熊拿着红薯想跟小兔子一起吃，路过自己家门口时发现了大萝卜，就说："把萝卜也带上，跟小白兔一起吃！"

小熊来到小白兔家，发现小白兔正在睡觉，就悄悄地把萝卜放在桌子上。小白兔醒来后，说："萝卜怎么回来了？"

资料来源：王旭昌.语言表达[M].青岛：青岛出版社，2012.

## 猜猜我有多爱你

小兔要睡觉了，它紧紧抓住兔妈妈的耳朵，问："猜猜我有多爱你？""噢，我猜不出来。"兔妈妈笑眯眯地说。

"我爱你有这么多。"小兔使劲伸开手臂。兔妈妈也伸开手臂说："瞧，我爱你更多呢！"小兔踮起脚，把手高高地举起说："我爱你，就像我举得那么高。"兔妈妈不用踮起脚，就把手举得很高很高。

小兔有了好主意，它在床上倒立起来说："我爱你，就像我的脚指头那么高。"兔妈妈抱起小兔，把它高高地抛起来说："我爱你，到你的脚指头那么高。"

小兔使劲地跳、使劲地蹦着说："我爱你，就像跳得那么高。"兔妈妈笑起来："我爱你，像我跳得那么高。"兔妈妈轻轻地一跳，就跳得很高很高，好像快要到天花板了。

小兔叫起来："我爱你，出了门口，过了小路，一直到河边上。"兔妈妈哈哈笑起来说："我爱你，一直过了小河，翻过大山，到了山的那一边。"

小兔打了个哈欠，轻轻地说："妈妈，我爱你，从这里一直到月亮。"兔妈妈看着睡着的小兔，小声地说："好孩子，我爱你，从这里到月亮，再……绕回来。"

说说：兔妈妈和小兔是怎样爱对方的？你的家人是怎样互相关爱的？

资料来源：王旭昌.语言表达[M].青岛：青岛出版社，2012.

## 睡懒觉的小熊和闹钟

小熊太爱睡懒觉了，每一天，太阳升起很高很高了，小熊还在床上打着呼噜呢。小熊家里没有闹钟吗？有！可是，只要闹钟一闹，它马上把闹钟上的小键一按，就抱着不再闹的闹钟睡着了。

这一天，她约小兔第二天早上去森林里采草莓。小兔说："我才不信你呢，你会睡懒觉的。""不,不,不,我一定来。"小熊满有把握地说。第二天早上天刚亮,小熊桌前的小刺猬闹钟就响了起来,可是,小熊把桌上的小键一按,闹钟不再响了,小熊就抱着刺猬闹钟睡着了。谁知道,没多会儿,桌上又出现了一只青蛙闹钟,它"呱呱呱呱呱"地叫了起来,小熊把键再一按,抱着刺猬闹钟和青蛙闹钟睡着了。这个时候,桌上出现了一排闹钟,它们是鸭子闹钟、公鸡闹钟、小狗闹钟、乌鸦闹钟,"嘎嘎嘎嘎嘎,喔喔喔喔喔,呜呜呜呜呜,呱呱呱呱呱。"嗷,这些闹钟一起闹了起来,把小熊吓了一大跳。

小熊弄不清楚这是怎么回事,它跳下床来看,突然,听见闹钟背面传来一阵"咯咯"的笑声。小熊探出头一看,窗外站着小兔,它的手臂上挽了个小篮子,篮子里装着好多好多的闹钟。原来啊,桌上一个个的闹钟都是小兔放的。小兔说:"我把大伙的闹钟都借来了,看能不能把你闹得不睡懒觉。"小熊难为情地说:"我,我,我以后不再睡懒觉了。"小熊穿好衣服,跟小兔去森林采草莓。啊,早上的森林真美丽,小熊和小兔在林间蹦蹦跳跳,小熊高兴地喊了起来:"早早起来真快活!"

资料来源:燕子姐姐讲新故事4. ISRC CN-E01-02-436-00/A·I. 上海:中国唱片上海公司.

## 风的握手

楼上有一个双目失明的小姑娘,看不见东西不能出去玩,多么寂寞呀!

有一天,小姑娘听见窗外呜呜地响,屋檐上的小铜铃也丁零丁零地响起来,好听极了。小姑娘问:"谁在外面唱歌?"妈妈说:"是风啊。"小姑娘说:"我喜欢风,风唱的歌多好听啊。"从那天起,小姑娘老爱坐在窗口,等候唱歌的风。可是风儿却不知道有一个双目失明的小姑娘在等它,风儿溜到别的地方去玩了。

小姑娘等啊等,风儿老是不来,她伤心了。忽然,一股清香向她扑来,轻轻地掠过她的头发,她问:"妈妈,谁偷偷地从我身边走过,摸了摸我的头发,好香,好凉快。"妈妈说:"这是风啊,风把花园里的花香吹来了。"小姑娘说:"啊,又是风,我喜欢风,风会唱歌,还会轻轻地吹,又香又凉快。妈妈,快告诉我,风是什么样子的?它也是一个孩子吗?"妈妈说:"不,风是看不见的,它不是孩子。"小姑娘像是听懂了:"噢,我知道了,妈妈您也是看不见的,风,一定也和您一样。"妈妈叹了口气告诉她:"风是空气,怎么和妈妈一个样呢!"小姑娘又有些不懂了,问妈妈:"空气,空气是什么东西?它一定是一种动物,要不它怎么会唱歌,还会把香气吹过来呢?"妈妈没法跟她说清楚,就不说话了。小姑娘就自己说起来,不管风是什么样子,我喜欢它,我要和它做朋友。妈妈心疼地对她说:"风什么也不是,看不见也摸不着,怎么能和你做朋友呢!好孩子,老待在这儿会着凉的,快进屋去吧。"

小姑娘没有听妈妈的话,把头伸到窗口,向外面喊着:"风啊,你真的什么也不是吗?

不能和我一起玩吗？"风儿在天上听见了，这才瞧见小姑娘眼里含着泪水。多可爱的小姑娘，能让她伤心吗？风儿多想对她说："小姑娘别哭，我跟你一起玩。"可是，它只能发出一阵呜呜的声音，它不会说话呀。它在天上飞来飞去，绕着小姑娘住的房子转了九十九个圈子。忽然，瞧见草地上有一只孩子的手套，一下子想出了一个好主意，它"呼啦"一下飞下去卷起了手套，把手套吹得胀鼓鼓的，飞到窗口和小姑娘握了一下手，呜呜呜呜呜，好像在说：你好，小姑娘！小姑娘紧紧地握住手套，高兴极了，大声喊："妈妈，您瞧，风是一个孩子，它和我握手呢！"妈妈瞧见这只没有手的手套，淌下了眼泪，连忙说："对，对，说对了，风儿和你一样，也是一个可爱的孩子。"

资料来源：燕子姐姐讲新故事 4. ISRC CN-E01-02-436-00/A·I. 上海：中国唱片上海公司.

### 小猫钓金鱼

小猫捉完老鼠没事干，想钓鱼，可是，屋子四周没有小河上哪儿钓去呢！哈，厨房不是有个大金鱼缸吗？缸里有一大一小的两条金鱼，小猫想钓金鱼。

小猫用竹筷子做钓鱼竿，用面饼做鱼饵，小金鱼闻到香味，想游过来吃面饼。"别去。"金鱼妈妈说，"面饼里藏着铁钩，会扎了你的嘴巴。"小金鱼问："为什么要扎了我的嘴巴？"金鱼妈妈说："小猫要把你钓起来当点心吃。""啊！"小金鱼吓得发抖，金鱼妈妈从缸底抱起一块花石头，偷偷拴在金鱼饵的绳子上。钓鱼竿往下沉，小猫以为金鱼上钩了，看也没看，就用力朝上一甩。"咚！"花石头飞起来砸在小猫的额角上。"喵！"小猫头上起了个亮晶晶的包。

小猫一边撅着嘴，一边动脑筋。过了一会儿，金鱼妈妈打起了瞌睡，小猫趴在鱼缸上，悄悄地对小金鱼说了几句话，还给他看了一样东西，然后，小猫又把鱼饵放进鱼缸里。小金鱼马上游过来一口咬住面饼，金鱼妈妈突然醒了，大声喊："不能吃，不能吃，有铁钩子。"小猫把钓鱼竿往上一甩，小金鱼被钓出了鱼缸。金鱼妈妈急得大叫："快松口往下跳啊。"金鱼妈妈急得哭了起来。小金鱼直到吃完了面饼，一张嘴巴，"扑通"掉回了金鱼缸里。金鱼妈妈睁大眼睛一看，"咦！"面饼里藏的不是大铁钩，而是一根火柴棍儿。

金鱼妈妈问小猫："你，你不吃鱼吗？"小猫趴在浴缸上，笑着说："小主人给我做了好多好多好吃的，我都吃不完哪，刚才，是跟你们闹着玩的。"金鱼妈妈放心了，说："对不起，刚才把你打疼了。"小金鱼呢，在一旁高兴得直摇尾巴。

资料来源：燕子姐姐讲新故事 4. ISRC CN-E01-02-436-00/A·I. 上海：中国唱片上海公司.

### 学狐狸叫的禽鸟

禽鸟是一种聪明而美丽的鸟，小禽鸟能学各种各样的鸟叫声，能模仿各种奇怪的声响。它看见一只狐狸从远方鬼鬼祟祟地向一只锦鸡走过去，近了，近了，狐狸离锦鸡只有几步远了，就在他想要扑过去的时候，禽鸟学了一声狐狸叫，锦鸡惊慌地飞走了。狐狸气极了，他举起了脚使劲拍了左嘴一巴掌，"该死的嘴巴，叫什么，鸟还没到手呢！"这一巴掌拍落了左边的三颗牙。

狐狸生气地往前走啊走，小禽鸟在后面悄悄地跟哪跟。狐狸发现前面灌木丛里有一只小白兔，它就蹑手蹑脚地走过去。近了，近了，狐狸离小兔只有几步远了，就在他想扑上去的时候，禽鸟又学了一声狐狸叫，小兔子撒腿就跑。狐狸气极了，它举起脚使劲拍了右嘴一巴掌，"唉，讨厌的嘴巴，叫什么，兔子，让你吓跑了。"这一巴掌拍落了右边的三颗牙。

狐狸懊丧地向前走啊走，小禽鸟悄悄地在后面跟哪跟。狐狸发现前面松树下有只松鼠正在啃松果，它悄声地靠了过去。近了，近了，狐狸离松鼠只有几步远了。就在它想扑过去的时候，禽鸟又学了一声狐狸叫，松鼠"嗖"的一声蹿上了树，它手中的松果掉下来正好砸在狐狸的脑门上。禽鸟忍不住"咯咯"地笑了起来，这个时候，狐狸才知道上当了。可是掉下来的六颗牙齿再也接不上去了，嘴里呢，还一阵阵痛得发麻！小禽鸟呢，它又高兴地学了一声狐狸叫，意思是说，再见吧狐狸。

资料来源：燕子姐姐讲新故事 4. ISRC CN-E01-02-436-00/A·I. 上海：中国唱片上海公司.

## 小猴丢了什么

小猴骑着摩托车在宽宽的马路上跑得好快好快。

嘀，差点撞着山羊爷爷！嘀嘀，撞掉了熊猫奶奶的篮子，多危险哪！小兔见了着急地大喊："小猴，小猴你丢了东西了。"听说丢了东西，小猴想也没想扭转车头边跑边找，小猴看见了熊猫奶奶，"对不起，我刚才撞到了您的篮子。"小猴停住车不好意思地说，"您看见我丢的东西了吗？""没有，你去问山羊爷爷吧！"小猴找到山羊爷爷，"对……对不起！刚才，刚才我差点撞着了您。"小猴停住车不好意思地说，"您，您看见我丢的东西了吗？""没有，你去问小兔吧！"小猴又找到了小兔，它跳下车说："你骗人，你骗人。"小兔说："你丢了最珍贵的东西，我没有骗你。""哼，我都问过熊猫奶奶问过山羊爷爷了。"小猴把寻找的经过告诉小兔，这时小兔笑了起来，说："嗯，我看哪你已经找到了，你已经找到了。""啊？找，找到了？"小猴望了小兔，又望了摩托车，它突然明白了，你看，小猴的脸蛋羞得通红通红的了。

资料来源：燕子姐姐讲新故事 4. ISRC CN-E01-02-436-00/A·I. 上海：中国唱片上海公司.

## 小象、大熊和小姑娘

从前啊，有只象，是大象吗？不是，是一只小小的象，可是这只小小的象，个子比大熊还要大。小象有两只蒲扇一样的大耳朵，还有一根细长的鼻子。小象和大熊是野生动物园的杂技演员，它们每天都为来参观的小朋友表演节目。

有一天，小象在场子上表演滑滑梯，它爬呀爬呀，爬到一架大滑梯上，再仰面朝天滑了下来，小朋友们都拍手喊叫，"好哇！好哇!"小象呢朝四周的小朋友举起了长鼻子致意。大熊呢，那天表演的是骑自行车，它晃着笨重的身子骑上了自行车，它骑得真棒，绕场子转了一圈，小朋友都跺着脚喊："再来一圈，再来一圈。"训练员往大熊的车兜里放进了一只大苹果，大熊又为小朋友骑了一圈。

表演完节目，小象对大熊说："你看见没有啊！那么多的小朋友都为我们的节目叫好鼓掌呢！可是，就有一个小朋友不开心，她脸上没有笑容，好像心事很重的样子。""是的。"大熊说，"是不是坐在前排中间的那个小朋友？""是啊，是啊。"小象晃晃长鼻子说。小象和大熊要绕场一周向小朋友道别了，它们走过这个没有笑容心事很重的小姑娘跟前，大熊和小象摇摇耳朵，小象用长鼻子拿起大熊车兜里的大苹果，把它送给了这位小姑娘。哇！这个时候，场上所有小朋友都拍手叫好。小姑娘呢，她接过大苹果也笑了，笑得甜甜的。这个小姑娘叫兰兰，今天出门的时候她妈妈病在床上，她有点不高兴。可现在呢，她接过大熊和小象的礼物心里开心极了，兰兰回到家，把大苹果的事告诉了妈妈，妈妈一开心病就好了。

下个星期天的上午当大熊和小象表演完节目向小朋友告别的时候，它们又看见了兰兰。兰兰和妈妈坐在一起，她笑得比谁都开心，小象和大熊走过兰兰身边，兰兰举起两只又红又大的苹果直朝它们摇晃，小象伸长了鼻子接过两个大苹果，它把一只给了大熊，另一只呢，留给了自己。这个时候，场上的小朋友使劲地鼓掌叫好。小象和大熊还讲了一句话，不过这句话别人没听懂，兰兰听懂了，小象和大熊说的是：祝所有的小朋友都快乐！

资料来源：燕子姐姐讲新故事 4. ISRC CN-E01-02-436-00/A·I. 上海：中国唱片上海公司.

## 巧克力饼屋

小熊乖乖的妈妈要到外婆家住几天，它做了好多好多巧克力饼，作为小熊乖乖几天的粮食。小熊乖乖请小猪笨笨来跟它做伴。看见堆成小山一样的巧克力饼，小猪笨笨叫起来："哇！这么多巧克力饼，多得可以做一座房子了。""嘿!"小熊乖乖拍拍它肉墩墩的熊掌说，"我们为什么不用这些巧克力饼盖一座房子呢!"

小熊家后面有一片树林子，小熊乖乖和小猪笨笨把巧克力饼运到林子里，将厚厚的巧克力饼当作砖，用熬化了的巧克力把它们一块一块的砌起来，砌了四四方方四面墙；将薄薄的巧克力饼当成瓦，一片一片重重叠叠地盖在墙上。用完最后一块巧克力饼，巧克力饼屋就盖成了。这是一座多么奇特的小屋啊！整个林子里都弥漫着巧克力浓浓的甜香味。小熊乖乖和小猪笨笨说不出有多么喜欢这座巧克力饼屋，晚上它们俩就睡在巧克力饼屋里。小熊乖乖做梦了，他的梦香香的，甜甜的。小猪笨笨也在做梦，它的梦也是香香的、甜甜的。

小熊乖乖和小猪笨笨邀请所有的朋友都来巧克力饼屋里来睡一睡，做一个香香的甜甜的梦。所有的朋友都来了，都在巧克力饼屋里做了香香的甜甜的梦。老鼠叽叽和老鼠吱吱也想到巧克力饼屋里来，可他们才不稀罕做香香的甜甜的梦呢！它们啊，是想偷吃香香的甜甜的巧克力饼，它们一路嗅着香味来到巧克力饼屋前，"请让我们也在巧克力饼屋里睡一睡，做香香的甜甜的梦"。小猪笨笨张着大嘴笑呵呵地说："欢迎，欢迎，欢迎你们来做梦。"叽叽看看吱吱，吱吱看看叽叽，他们偷偷地一笑。小熊乖乖把小猪笨笨拉到一边悄声说："老鼠的嘴是最最馋的，你不怕他们在夜里把饼屋吃掉吗？""不会的，不会的。"小猪笨笨的头摇得像拨浪鼓，"它们来只是想做一个香香的甜甜的梦。"小熊乖乖还是不相信，它用身子挡住饼屋的门。"我向你保证。"小猪笨笨把胸脯拍得砰砰响。"你明天早上来看，饼屋连个小洞都不会有。"老鼠的耳朵是最最灵的，小猪笨笨的话他们都听见了，脸刷的一下红了。因为有小猪笨笨的保证，小熊乖乖同意老鼠吱吱和叽叽到饼屋里去。

晚上，叽叽和吱吱睡在巧克力饼屋里，巧克力浓浓的甜香味一股一股地往他们鼻孔里钻，馋得他们口水直往下面淌。叽叽使劲地咽着口水，"如果能在墙角啃一个小洞吃一点点也好。"吱吱呢，擦着嘴巴说："只要舔一舔，尝尝味道也行。"可是叽叽没有去啃，吱吱也没有去舔，他们谁也没有忘记小猪笨笨向小熊乖乖做的保证。叽叽说："我不明白那只傻乎乎的笨小猪为什么要相信我们。"吱吱说："是啊是啊，想一想在这个世界上还有谁相信过我们。"想着想着，叽叽和吱吱都睡着了。叽叽做梦了，做了香香的甜甜的梦；吱吱也做梦了，做了香香的甜甜的梦。

第二天早晨，老鼠吱吱和老鼠叽叽带着它们的梦悄悄地走了。小熊乖乖和小猪笨笨来看他们的饼屋，饼屋好好的，果然像小猪笨笨说的那样，连一个小洞也没有。

资料来源：燕子姐姐讲新故事 4. ISRC CN-E01-02-436-00/A·I. 上海：中国唱片上海公司.

### 露了尾巴

鸡总是不停地啄啊啄啊，把一些乱七八糟的东西都吞进了肚里去了。

有一只公鸡就这样吃了一粒安眠药片，不知不觉睡着了。天黑之后，别的鸡都回家了，它却在路边睡大觉。半夜里，一只狼进村来了。狼住在深山里，常在夜里到村子里偷吃鸡鸭猪羊，但必须在天亮之前跑回山里，免得被人们捉住。这只狼凑巧碰到了那只吃了安眠药的公鸡，当然高兴了。不过，他怎么也没有想到当它把公鸡吞到肚里后，它也打起瞌睡来了，原来是药在起作用了。呃呃呃……狼张大嘴巴打了个哈欠，往旁边一歪就呼噜呼噜地睡着了。

天亮了，公鸡们要在这个时候打鸣。狼肚里的那只公鸡醒来了，发现周围黑乎乎的，还以为是阴天呢，它倒不在乎阴天还是晴天，仍然按照以前的习惯，伸长脖子"喔喔喔"地叫了起来。狼被鸡鸣声吵醒了，睁开眼睛一看，吓了一跳，因为阳光正照在它的脸上。它想：这，这下子好了，怎么会睡觉了呢，现在都天亮了，如果让人们发现，命可就没了。它把身子往路边草丛挪了挪，转动着黄色眼珠子打主意。

这时候，一个小姑娘走来了，小姑娘不认识狼，以为是大狗呢，她蹦蹦跳跳地跑过来，想跟这条大狗做朋友。"大灰狗，你干吗不回家？"按照狼的心思，它真想把这个小姑娘"啊呜"一口也吞进肚里去，让她跟那只没忘了打鸣的公鸡做伴。可是狼转头一看，哎呦，村子里有好多人家都有大人在活动，好不容易把张开的大嘴又闭上了。但它却想出了个主意，他要假扮成一条狗，让小姑娘陪着走出村子，然后，再吃她也不迟。这时候，狼尽量把嗓子眼挤紧，发出轻微的声音："嘿嘿，嘿嘿，小姑娘，我，我不回家，我想到树林里去，那儿昨晚上长出好多好多蘑菇来。""真的？""我不骗你，我们狼——狗是从来不说谎的。"小姑娘信以为真，和狼一起向村外走去。

这只狼故意紧紧地依偎着小姑娘，装出亲热的样子。刚走到村头，一个扛着锄头的农民一下子把那只狼打倒了。这狼痛得张开大嘴的时候，它肚子里的那只公鸡飞了出来拍拍翅膀嚷道："啊，啊，闷死我了！"这时候，小姑娘不乐意了，她问农民："叔叔，你干吗打我的狗朋友？""哼，那是狗吗？孩子，你瞧瞧他的尾巴，狗的尾巴总是翘着的，而这个家伙的尾巴却拖在屁股后面，所以这不是狗，这是一只想吃人的狼。"

后来啊，人们把坏人做坏事被发现，叫作露了尾巴。

资料来源：燕子姐姐讲新故事 4. ISRC CN-E01-02-436-00/A·I. 上海：中国唱片上海公司.

## 毛毛和长鼻子树

毛毛的好朋友是谁？是校园里那棵长鼻子树，毛毛为什么喜欢那棵树呢？就是因为那棵树有一个光溜溜的长鼻子，长鼻子树用长鼻子跟毛毛说话，用长鼻子跟毛毛握手。长鼻子树说："毛毛，我只跟你一个人交朋友，别人走到我身边，我会把长鼻子藏起来。""为什么呀？""我怕淘气的小孩用小刀刻我的长鼻子，刮我的长鼻子。"毛毛点点头，他会为好朋友的长鼻子保密的。这天，毛毛不小心一脚踩进水塘里，袜子被浸得透湿，穿在脚上可难受了。长鼻子树说："毛毛，快把湿袜子脱下来，在我的长鼻子上晾干。"真的！这只袜子挂在长鼻子上很快就晾得干爽爽的。

冬天悄悄来了，冻得长鼻子树不敢伸出长鼻子了。学校放假那天，长鼻子树还是伸出冻得通红的长鼻子，跟毛毛握握手。毛毛呢，在长鼻子树身上系了一块花手绢，他想这样长鼻子树就会暖和一点的。长鼻子树说："明年春天见。"毛毛挥挥手说："明年春天见。"

第二年的春天，毛毛又奔跑着来上学了，他长高了一点，长胖了一点。毛毛跑到长鼻子树前面，啊，一下子呆住了。长鼻子树的长鼻子上抽出了嫩叶，绿绿的，毛绒绒的。"你，你变了，长鼻子树。"毛毛睁大眼睛说。"嘿嘿，你也变了，毛毛。"长鼻子树笑了，"我们还是最好的朋友。"毛毛摸着长鼻子树说："当然是最好的朋友。"两个朋友抱在一起，快活地笑了。

资料来源：燕子姐姐讲新故事 4. ISRC CN-E01-02-436-00/A·I. 上海：中国唱片上海公司.

## 举重

台上放着一副很大很大的杠铃，主持会议的大象说："谁第一个上台举起它，谁就将获得一枚精致的奖牌。"大象说了几遍，没有人敢上台。小狗推推小熊说："嘿，大力士，上去试试。"小熊看看台上的大杠铃说："我不行不行，这么大的杠铃我可举不动。"小猴推推小牛说："喂，小牛，你去试试。"小牛看看台上的大杠铃直往后退。"不行不行不行不行，这么重的杠铃，连大象也举不动，我怎么行呢？"

大家正推来推去，一只小松鼠跳上了台，它围着杠铃转了一圈，用手拍拍杠铃片，脸上露出了笑容，它大声说："我能举起它。"大家都笑了起来，哈哈哈哈哈哈哈……哎呀，这真是开玩笑，连小象小牛也不行，啊，小小的松鼠怎么能举得起来，啊，哈哈哈……小松鼠可不管，它在大杠铃下面放了两块厚厚的大大的垫子，然后走上垫子，活动活动手脚，吸了一口气，双手一用力，啊，啊，那巨大的杠铃竟被它举起来了。台下的动物们都惊呆了，"这，这是怎么回事啊！它，它怎么可以举起这么大的杠铃？"这时，大象却呵呵地笑了，它说："这杠铃看上去是很大，其实，哈哈……是纸做的！哈哈……今天我请大家上来也只是想考考大家的勇气和智慧。"噢，原来是这么回事，大家明白了，当大象将一枚精致的奖牌挂在小松鼠胸前时，全场响起了暴风雨一样的掌声，大家认为小松鼠确实了不起。

资料来源：燕子姐姐讲新故事 4. ISRC CN-E01-02-436-00/A·I. 上海：中国唱片上海公司.

# 附录2
# 普通话测试字词练读

此部分资料来源：尹建国. 普通话水平测试指导用书[M]. 北京：商务印书馆，2007.

| | | |
|---|---|---|
| 不禁 bùjīn | 范畴 fànchóu | 混淆 hùnxiáo |
| 阐明 chǎnmíng | 附着 fùzhuó | 畸形 jīxíng |
| 处于 chǔyú | 赋予 fùyǔ | 脊 jǐ |
| 创伤 chuāngshāng | 供给 gōngjǐ | 祭祀 jìsì |
| 当成 dàngchéng | 硅 guī | 角色 juésè |
| 地壳 dìqiào | 号召 hàozhào | 搅 jiǎo |
| 调拨 diàobō | 核儿 húr | 解剖 jiěpōu |
| 反馈 fǎnkuì | 颌 hé | 咀嚼 jǔjué |
| 卤 lǔ | 潜力 qiánlì | 湍流 tuānliú |
| 氯气 lùqì | 潜在 qiánzài | 围剿 wéijiǎo |
| 酶 méi | 曲折 qūzhé | 狭隘 xiáài |

囊 náng

偶尔 ǒuěr

譬如 pìrú

剖面 pōumiàn

气氛 qìfēn

契约 qìyuē

砌 qì

皑皑 áiái

碍 ài

庵 ān

黯 àn

盎然 àngrán

螯 áo

跋涉 báshè

掰 bāi

斑驳 bānbó

斑斓 bānlán

褒贬 bāobiǎn

卑鄙 bēibǐ

被褥 bèirù

迸发 bèngfā

鄙夷 bǐyí

庇护 bìhù

婢女 bìnǚ

痹 bì

编撰 biānzhuàn

编纂 biānzuǎn

标的 biāodì

瘪 biě

濒临 bīnlín

摈弃 bìnqì

鬓 bìn

儒家 rújiā

鳃 sāi

渗透 shèntòu

狩猎 shòuliè

栓 shuān

说服 shuōfú

髓 suǐ

禀 bǐng

摒弃 bìngqì

钵 bō

脖颈儿 bógěngr

帛 bó

箔 bó

跛 bǒ

簸箕 bòji

补给 bǔjǐ

不啻 bùchì

不胫而走 bùjìngérzǒu

不屑 bùxiè

不懈 bùxiè

步履 bùlǚ

埠 bù

苍穹 cāngqióng

蹭 cèng

诧异 chàyì

掺 chān

潺潺 chánchán

坠 zhuì

猖獗 chāngjué

怅惘 chàngwǎng

澈 chè

抻 chēn

掀起 xiānqǐ

削弱 xuēruò

嗅 xiù

演绎 yǎnyì

矣 yǐ

予以 yǔyǐ

蕴藏 yùncáng

称职 chènzhí

诚挚 chéngzhì

逞 chěng

嗤 chī

驰骋 chíchěng

齿龈 chǐyín

炽烈 chìliè

充沛 chōngpèi

充塞 chōngsè

舂 chōng

憧憬 chōngjǐng

抽搐 chōuchù

惆怅 chóuchàng

筹 chóu

踌躇 chóuchú

处方 chǔfāng

处死 chǔsǐ

矗立 chùlì

啜泣 chuòqì

踹 chuài

着想 zhuóxiǎng

篡夺 cuànduó

璀璨 cuǐcàn

淬火 cuìhuǒ

萃取 cuìqǔ

皴 cūn

磋商 cuōshāng

挫 cuò

锉 cuò

耷拉 dāla

搭讪 dāshàn

呆滞 dāizhì

玳瑁 dàimào

胆怯 dǎnqiè

掸 dǎn

旦角儿 dànjuér

诋毁 dǐhuǐ

掂 diān

滇 diān

佃 diàn

动辄 dòngzhé

抖擞 dǒusǒu

窦 dòu

嘟囔 dūnang

犊 dú

睹 dǔ

对峙 duìzhì

踱 duó

跺 duò

遏制 èzhì

发酵 fājiào

藩镇 fānzhèn

繁衍 fányǎn

反刍 fǎnchú

贩 fàn

梵文 fànwén

妨害 fánghài

敷 fū

拂晓 fúxiǎo

辐 fú

甫 fǔ

俯瞰 fǔkàn

附和 fùhè

富庶 fùshǔ

赋税 fùshuì

缚 fù

干涸 gānhé

坩埚 gānguō

擀 gǎn

赣 gàn

篙 gāo

镐 gǎo

隔阂 géhé

庚 gēng

哽咽 gěngyè

梗 gěng

供养 gōngyǎng

勾勒 gōulè

苟且 gǒuqiě

广袤 guǎngmào

皈依 guīyī

瑰丽 guīlì

诡辩 guǐbiàn

桂冠 guìguān

骇 hài

氦 hài

蚶 hān

酣睡 hānshuì

鼾声 hānshēng

横亘 hénggèn

红晕 hóngyùn

后裔 hòuyì

呼号 hūháo

花冠 huāguān

宦官 huànguān

豢养 huànyǎng

黄疸 huángdǎn

幌子 huǎngzi

诙谐 huīxié

讳言 huìyán

荟萃 huìcuì

贿赂 huìlù

晦气 huìqì

喙 huì

荤 hūn

混沌 hùndùn

豁口 huōkǒu

豁免 huòmiǎn

羁绊 jībàn

即便 jíbiàn

急遽 jíjù

嫉妒 jídù

辑 jí

几率 jīlù

给养 jǐyǎng

脊梁 jǐliáng

脊髓 jǐsuǐ

戟 jǐ

忌讳 jìhuì

甲壳 jiǎqiào

驾驭 jiàyù

诽谤 fěibàng

吠 fèi

分蘖 fēnniè

愤慨 fènkǎi

丰腴 fēngyú

风驰电掣 fēngchídiànchè

焦灼 jiāozhuó

角逐 juézhú

矫揉造作 jiǎoróuzàozuò

缴纳 jiǎonà

叫嚣 jiàoxiāo

窖 jiào

秸 jiē

秸秆 jiēgǎn

矜持 jīnchí

尽早 jǐnzǎo

劲旅 jìnlǚ

禁不住 jīnbùzhù

靳 jìn

荆 jīng

惊诧 jīngchà

精湛 jīngzhàn

静谧 jìngmì

窘 jiǒng

纠葛 jiūgé

揪 jiū

臼齿 jiùchǐ

厩 jiù

拘泥 jūnì

矩 jǔ

锯齿 jùchǐ

踞 jù

寒颤 hánzhàn

寒噤 hánjìn

罕 hǎn

憾 hàn

赫 hè

壑 hè

叩 kòu

脍炙人口 kuàizhìrénkǒu

矿藏 kuàngcáng

框架 kuàngjià

窥 kuī

魁梧 kuíwú

廓 kuò

烙印 làoyìn

勒索 lèsuǒ

累赘 léizhui

隶 lì

砾石 lìshí

涟漪 liányī

敛 liǎn

踉跄 liàngqiàng

两栖 liǎngqī

撩 liáo

撂 liào

瞭望 liàowàng

吝啬 lìnsè

绫 líng

翎子 língzi

聆听 língtīng

零散 língsǎn

绺 liǔ

陇 lǒng

间断 jiànduàn

间作 jiànzuò

缄默 jiānmò

谏 jiàn

绛 jiàng

卯 mǎo

铆 mǎo

昧 mèi

媚 mèi

迷惘 míwǎng

糜烂 mílàn

觅 mì

幂 mì

渺 miǎo

藐视 miǎoshì

蔑 miè

皿 mǐn

抿 mǐn

泯灭 mǐnmiè

冥想 míngxiǎng

谬论 miùlùn

摹 mó

模板 múbǎn

魔爪 mózhǎo

蓦然 mòrán

眸 móu

目睹 mùdǔ

募 mù

内省 nèixǐng

捺 nà

挠 náo

溺 nì

| | | |
|---|---|---|
| 撅 juē | 篓 lǒu | 腻 nì |
| 倔强 juéjiàng | 卤素 lǔsù | 拈 niān |
| 厥 jué | 虏 lǔ | 黏 nián |
| 蕨 jué | 掳 lǔ | 捻 niǎn |
| 攫 jué | 麓 lù | 撵 niǎn |
| 郡 jùn | 履 lǚ | 廿 niàn |
| 揩 kāi | 绿林 lùlín | 袅袅 niǎoniǎo |
| 慨然 kǎirán | 将 lǚ 或 luō | 涅槃 nièpán |
| 堪 kān | 摞 luò | 啮 niè |
| 亢奋 kàngfèn | 鳗 mán | 镍 niè |
| 恪守 kèshǒu | 螨 mǎn | 孽 niè |
| 铿锵 kēngqiāng | 蟒 mǎng | 赡养 shànyǎng |
| 疟疾 nüèji | 黔 qián | 商贾 shānggǔ |
| 讴歌 ōugē | 谴责 qiǎnzé | 商榷 shāngquè |
| 牌坊 páifāng | 强求 qiǎngqiú | 深邃 shēnsuì |
| 盘踞 pánjù | 悄然 qiǎorán | 神龛 shénkān |
| 畔 pàn | 悄声 qiǎoshēng | 生肖 shēngxiào |
| 咆哮 páoxiào | 跷 qiāo | 时分 shífēn |
| 狍子 páozi | 锹 qiāo | 拾掇 shíduo |
| 炮制 páozhì | 鞘 qiào | 矢 shǐ |
| 配角 pèijué | 惬意 qièyì | 侍 shì |
| 抨击 pēngjī | 钦差 qīnchāi | 恃 shì |
| 坯 pī | 沁 qìn | 舐 shì |
| 毗邻 pílín | 情不自禁 qíngbùzìjīn | 噬 shì |
| 痞子 pǐzi | 磬 qìng | 螫 shì |
| 癖 pǐ | 祛 qū | 枢 shū |
| 媲美 pìměi | 蛆 qū | 倏然 shūrán |
| 漂泊 piāobó | 躯壳 qūqiào | 孰 shú |
| 瓢 piáo | 蜷 quán | 赎 shú |
| 瞟 piǎo | 阙 què | 恕 shù |
| 氅 piē | 妊娠 rènshēn | 庶民 shùmín |
| 屏息 bǐngxī | 冗长 rǒngcháng | 水獭 shuǐtǎ |

127

剖 pōu
匍匐 púfú
蒲公英 púgōngyīng
圃 pǔ
沏 qī
栖息 qīxī
祈 qí
畦 qí
鳍 qí
绮丽 qǐlì
气馁 qìněi
讫 qì
契 qì
器皿 qìmǐn
前仆后继 qiánpūhòujì
钳工 qiángōng
乾 qián
潜移默化 qiányímòhuà
吐血 tùxiě
湍急 tuānjí
颓废 tuífèi
蜕变 tuìbiàn
吞噬 tūnshì
拖累 tuōlěi
瓦砾 wǎlì
剜 wān
皖 wǎn
威吓 wēihè
违约 wéiyuē
慰藉 wèijiè
紊乱 wěnluàn
瓮 wèng

蹂躏 róulìn
如释重负 rúshìzhòngfù
汝 rǔ
孺 rǔ
仨 sā
卅 sà
搔 sāo
缫 sāo
臊 sào
瑟 sè
杀戮 shālù
霎时 shàshí
山坳 shānúào
山涧 shānjiàn
山麓 shānlù
杉木 shānmù
煽动 shāndòng
悄然 qiǎorán
喧嚣 xuānxiāo
癣 xuǎn
眩晕 xuànyùn
熏陶 xūntáo
牙龈 yáyín
湮没 yānmò
腌 yān
焉 yān
俨然 yǎnrán
衍 yǎn
眼睑 yǎnjiǎn
漾 yàng
摇曳 yáoyè
窈窕 yáotiǎo

吮 shǔn
思忖 sīcǔn
伺机 sìjī
祀 sì
俟 sì
怂恿 sǒngyǒng
绥 suí
蓑衣 suōyī
坍塌 tāntā
搪塞 tángsè
绦虫 tāochóng
特赦 tèshè
挑衅 tiǎoxìn
佟 tóng
铜臭 tóngxiù
捅 tǒng
投奔 tóubèn
酉 yǒu
釉 yòu
隅 yú
虞 yú
谕 yù
垣 yuán
苑 yuàn
陨石 yǔnshí
运筹 yùnchóu
咂 zā
哉 zāi
糟粕 zāopò
择菜 zháicài
仄 zè
憎恶 zèngwù

涡 wō

污秽 wūhuì

呜咽 wūyè

无垠 wúyín

毋 wú

吾 wú

梧桐 wútóng

兮 xī

犀利 xīlì

戏谑 xìxuè

辖 xiá

涎 xián

霰 xiàn

相称 xiāngchèn

相间 xiāngjiàn

楔 xiē

挟 xié

偕 xié

屑 xiè

械 xiè

亵渎 xièdú

羞怯 xiūqiè

戌 xū

须臾 xūyú

诸位 zhūwèi

主角 zhǔjué

伫立 zhùlì

贮 zhù

拽 zhuài

撰 zhuàn

篆 zhuàn

要挟 yāoxié

噎 yē

曳 yè

一瞥 yīpiē

依偎 yīwēi

贻误 yíwù

胰腺 yíxiàn

邑 yì

驿站 yìzhàn

翌日 yìrì

熠熠 yìyì

阴霾 yīnmái

荫庇 yīnbì

殷红 yānhóng

吟 yín

寅 yín

淫秽 yínhuì

引擎 yǐnqíng

膺 yīng

萦绕 yíngrào

痈 yōng

雍 yōng

臃肿 yōngzhǒng

有的放矢 yǒudìfàngshǐ

缀 zhuì

赘 zhuì

卓 zhuó

拙 zhuō

灼 zhuó

酌 zhuó

着落 zhuóluò

铡 zhá

斋 zhāi

粘连 zhānlián

瞻 zhān

占卜 zhānbǔ

蘸 zhàn

昭 zhāo

沼气 zhǎoqì

诏 zhào

辙 zhé

褶 zhě

蔗 zhè

砧 zhēn

斟 zhēn

臻 zhēn

朕 zhèn

症结 zhēngjié

执拗 zhíniù

炙 zhì

桎梏 zhìgù

滞留 zhìliú

冢 zhǒng

诸如此类 zhūrúcǐlèi

着意 zhuóyì

自给 zìjǐ

渍 zì

棕榈 zōnglú

诅咒 zǔzhòu

攥 zuàn

作祟 zuòsuì

# 附录 3
# 普通话水平测试用朗读
# 作品 60 篇

说明：

1. 60 篇朗读作品供普通话水平测试朗读短文测试使用。

2. 每篇作品在第 400 个音节后用"//"标注。

3. 资料来源：尹建国.普通话水平测试指导用书[M].北京商务印书馆，2007.

**作品 1 号　　节选自茅盾《白杨礼赞》**

　　那是力争上游的一种树，笔直的干，笔直的枝。它的干呢，通常是丈把高，像是加以人工似的，一丈以内，绝无旁枝；它所有的丫枝呢，一律向上，而且紧紧靠拢，也像是加以人工似的，成为一束，绝无横斜逸出；它的宽大的叶子也是片片向上，几乎没有斜生的，更不用说倒垂了；它的皮，光滑而有银色的晕圈，微微泛出淡青色。这是虽在北方的风雪的压迫下却保持着倔强挺立的一种树！哪怕只有碗来粗细罢，它却努力向上发展，高到丈许，两丈，参天耸立，不折不挠，对抗着西北风。

这就是白杨树，西北极普通的一种树，然而绝不是平凡的树！

它没有婆娑的姿态，没有屈曲盘旋的虬枝，也许你要说它不美丽，——如果美是专指"婆娑"或"横斜逸出"之类而言，那么白杨树算不得树中的好女子；但是它却是伟岸，正直，朴质，严肃，也不缺乏温和，更不用提它的坚强不屈与挺拔，它是树中的伟丈夫！当你在积雪初融的高原上走过，看见平坦的大地上傲然挺立这么一株或一排白杨树，难道你就只觉得树只是树，难道你就不想到它的朴质，严肃，坚强不屈，至少也象征了北方的农民；难道你竟一点也不联想到，在敌后的广大土//地上，到处有坚强不屈，就像这白杨树一样傲然挺立的守卫他们家乡的哨兵！难道你又不更远一点想到这样枝枝叶叶靠紧团结，力求上进的白杨树，宛然象征了今天在华北平原纵横决荡用血写出新中国历史的那种精神和意志。

**作品 2 号**　　　　节选自张健鹏、胡足青主编《故事时代》中的《差别》

两个同龄的年轻人同时受雇于一家店铺，并且拿同样的薪水。

可是一段时间后，叫阿诺德的那个小伙子青云直上，而那个叫布鲁诺的小伙子却仍在原地踏步。布鲁诺很不满意老板的不公正待遇。终于有一天他到老板那儿发牢骚了。老板一边耐心地听着他的抱怨，一边在心里盘算着怎样向他解释清楚他和阿诺德之间的差别。

"布鲁诺先生，"老板开口说话了，"您现在到集市上去一下，看看今天早上有什么卖的。"

布鲁诺从集市上回来向老板汇报说，今早集市上只有一个农民拉了一车土豆在卖。

"有多少？"老板问。

布鲁诺赶快戴上帽子又跑到集上，然后回来告诉老板一共四十袋土豆。

"价格是多少？"

布鲁诺又第三次跑到集上问来了价格。

"好吧，"老板对他说，"现在请您坐到这把椅子上一句话也不要说，看看阿诺德怎么说。"

阿诺德很快就从集市上回来了。向老板汇报说到现在为止只有一个农民在卖土豆，一共四十口袋，价格是多少多少；土豆质量很不错，他带回来一个让老板看看。这个农民一个钟头以后还会弄来几箱西红柿，据他看价格非常公道。昨天他们铺子的西红柿卖得很快，库存已经不//多了。他想这么便宜的西红柿，老板肯定会要进一些的，所以他不仅带回了一个西红柿做样品，而且把那个农民也带来了，他现在正在外面等回话呢。

此时老板转向了布鲁诺，说："现在您肯定知道为什么阿诺德的薪水比您高了吧！"

### 作品 3 号　　　　节选自贾平凹《丑石》

我常常遗憾我家门前的那块丑石。它黑黝黝地卧在那里，牛似的模样；谁也不知道是什么时候留在这里的，谁也不去理会它。只是麦收时节，门前摊了麦子，奶奶总是说：这块丑石，多占地面呀，抽空把它搬走吧。

它不像汉白玉那样的细腻，可以刻字雕花，也不像大青石那样的光滑，可以供来浣纱捶布；它静静地卧在那里，院边的槐荫没有庇覆它，花儿也不再在它身边生长。荒草便繁衍出来，枝蔓上下，慢慢地，竟锈上了绿苔、黑斑。我们这些做孩子的，也讨厌起它来，曾合伙要搬走它，但力气又不足；虽时时咒骂它，嫌弃它，也无可奈何，只好任它留在那里了。

终有一日，村子里来了一个天文学家。他在我家门前路过，突然发现了这块石头，眼光立即就拉直了。他再没有离开，就住了下来；以后又来了好些人，都说这是一块陨石，从天上落下来已经有二三百年了，是一件了不起的东西。不久便来了车，小心翼翼地将它运走了。

这使我们都很惊奇！这又怪又丑的石头，原来是天上的呀！它补过天，在天上发过热，闪过光，我们的先祖或许仰望过它，它给了他们光明，向往，憧憬；而它落下来了，在污土里，荒草里，一躺就//是几百年了！

我感到自己的无知，也感到了丑石的伟大，我甚至怨恨它这么多年竟会默默地忍受着这一切！而我又立即深深地感到它那种不屈于误解、寂寞的生存的伟大。

### 作品 4 号　　　　节选自[德]博多·费舍尔《达瑞的故事》，刘志明译

在达瑞八岁的时候，有一天他想去看电影。因为没有钱，他想是向爸妈要钱，还是自己挣钱。最后他选择了后者。他自己调制了一种汽水，向过路的行人出售。可那时正是寒冷的冬天，没有人买，只有两个人例外——他的爸爸和妈妈。

他偶然有一个和非常成功的商人谈话的机会。当他对商人讲述了自己的"破产史"后，商人给了他两个重要的建议：一是尝试为别人解决一个难题；二是把精力集中在你知道的、你会的和你拥有的东西上。

这两个建议很关键。因为对于一个八岁的孩子而言，他不会做的事情很多。于是他穿过大街小巷，不停地思考：人们会有什么难题，他又如何利用这个机会？

一天，吃早饭时父亲让达瑞去取报纸。美国的送报员总是把报纸从花园篱笆的一个特制的管子里塞进来。假如你想穿着睡衣舒舒服服地吃早饭和看报纸，就必须离开温暖

的房间，冒着寒风，到花园去取。虽然路短，但十分麻烦。

当达瑞为父亲取报纸的时候，一个主意诞生了。当天他就按响邻居的门铃，对他们说，每个月只需付给他一美元，他就每天早上把报纸塞到他们的房门底下。大多数人都同意了，很快他有//了七十多个顾客。一个月后，当他拿到自己赚的钱时，觉得自己简直是飞上了天。

很快他又有了新的机会，他让他的顾客每天把垃圾袋放在门前，然后由他早上运到垃圾桶里，每个月加一美元。之后他还想出了许多孩子赚钱的办法，并把它集结成书，书名为《儿童挣钱的二百五十个主意》。为此，达瑞十二岁时就成了畅销书作家，十五岁有了自己的谈话节目，十七岁就拥有了几百万美元。

**作品 5 号　　　节选自峻青《第一场雪》**

这是入冬以来，胶东半岛上第一场雪。

雪纷纷扬扬，下得很大。开始还伴着一阵儿小雨，不久就只见大片大片的雪花，从彤云密布的天空中飘落下来。地面上一会儿就白了。冬天的山村，到了夜里就万籁俱寂，只听得雪花簌簌地不断往下落，树木的枯枝被雪压断了，偶尔咯吱一声响。

大雪整整下了一夜。今天早晨，天放晴了，太阳出来了。推开门一看，嗬！好大的雪啊！山川、河流、树木、房屋，全都罩上了一层厚厚的雪，万里江山，变成了粉妆玉砌的世界。落光了叶子的柳树上挂满了毛茸茸亮晶晶的银条儿；而那些冬夏常青的松树和柏树上，则挂满了蓬松松沉甸甸的雪球儿。一阵风吹来，树枝轻轻地摇晃，美丽的银条儿和雪球儿簌簌地落下来，玉屑似的雪末儿随风飘扬，映着清晨的阳光，显出一道道五光十色的彩虹。

大街上的积雪足有一尺多深，人踩上去，脚底下发出咯吱咯吱的响声。一群群孩子在雪地里堆雪人，掷雪球，那欢乐的叫喊声，把树枝上的雪都震落下来了。

俗话说，"瑞雪兆丰年"。这个话有充分的科学根据，并不是一句迷信的成语。寒冬大雪，可以冻死一部分越冬的害虫；融化了的水渗进土层深处，又能供应//庄稼生长的需要。我相信这一场十分及时的大雪，一定会促进明年春季作物，尤其是小麦的丰收。有经验的老农把雪比做是"麦子的棉被"。冬天"棉被"盖得越厚，明春麦子就长得越好，所以又有这样一句谚语："冬天麦盖三层被，来年枕着馒头睡。"

我想，这就是人们为什么把及时的大雪称为"瑞雪"的道理吧。

**作品 6 号　　　节选自谢冕《读书人是幸福人》**

我常想读书人是世间幸福人，因为他除了拥有现实的世界之外，还拥有另一个更为浩瀚也更为丰富的世界。现实的世界是人人都有的，而后一个世界却为读书人所独有。

由此我想，那些失去或不能阅读的人是多么的不幸，他们的丧失是不可补偿的。世间有诸多的不平等，财富的不平等，权力的不平等，而阅读能力的拥有或丧失却体现为精神的不平等。

一个人的一生，只能经历自己拥有的那一份欣悦，那一份苦难，也许再加上他亲自闻知的那一些关于自身以外的经历和经验。然而，人们通过阅读，却能进入不同时空的诸多他人的世界。这样，具有阅读能力的人，无形间获得了超越有限生命的无限可能性。阅读不仅使他多识了草木虫鱼之名，而且可以上溯远古下及未来，饱览存在的与非存在的奇风异俗。

更为重要的是，读书加惠于人们的不仅是知识的增广，而且还在于精神的感化与陶冶。人们从读书学做人，从那些往哲先贤以及当代才俊的著述中学得他们的人格。人们从《论语》中学得智慧的思考，从《史记》中学得严肃的历史精神，从《正气歌》中学得人格的刚烈，从马克思学得人世//的激情，从鲁迅学得批判精神，从托尔斯泰学得道德的执着。歌德的诗句刻写着睿智的人生，拜伦的诗句呼唤着奋斗的热情。一个读书人，一个有机会拥有超乎个人生命体验的幸运人。

**作品 7 号　　　　　节选自唐继柳编译《二十美金的价值》**

一天，爸爸下班回到家已经很晚了，他很累也有点儿烦，他发现五岁的儿子靠在门旁正等着他。

"爸，我可以问您一个问题吗？"

"什么问题？""爸，您一小时可以赚多少钱？""这与你无关，你为什么问这个问题？"父亲生气地说。

"我只是想知道，请告诉我，您一小时赚多少钱？"小孩儿哀求道。"假如你一定要知道的话，我一小时赚二十美金。"

"哦，"小孩儿低下了头，接着又说，"爸，可以借我十美金吗？"父亲发怒了："如果你只是要借钱去买毫无意义的玩具的话，给我回到你的房间睡觉去。好好想想为什么你会那么自私。我每天辛苦工作，没时间和你玩儿小孩子的游戏。"

小孩儿默默地回到自己的房间关上门。

父亲坐下来还在生气。后来，他平静下来了，心想他可能对孩子太凶了——或许孩子真的很想买什么东西，再说他平时很少要过钱。

父亲走进孩子的房间："你睡了吗？""爸，还没有，我还醒着。"孩子回答。

"我刚才可能对你太凶了，"父亲说，"我不应该发那么大的火儿——这是你要的十美金。""爸，谢谢您。"孩子高兴地从枕头下拿出一些被弄皱的钞票，慢慢地数着。

"为什么你已经有钱了还要？"父亲不解地问。

"因为原来不够，但现在凑够了。"孩子回答，"爸，我现在有//二十美金了，我可以向您买一个小时的时间吗？明天请早一点儿回家——我想和您一起吃晚餐。"

### 作品 8 号 　　　节选自巴金《繁星》

我爱月夜，但我也爱星天。从前在家乡七八月的夜晚在庭院里纳凉的时候，我最爱看天上密密麻麻的繁星。望着星天，我就会忘记一切，仿佛回到了母亲的怀里似的。

三年前在南京我住的地方有一道后门，每晚我打开后门，便看见一个静寂的夜。下面是一片菜园，上面是星群密布的蓝天。星光在我们的肉眼里虽然微小，然而它使我们觉得光明无处不在。那时候我正在读一些天文学的书，也认得一些星星，好像它们就是我的朋友，它们常常在和我谈话一样。

如今在海上，每晚和繁星相对，我把它们认得很熟了。我躺在舱面上，仰望天空。深蓝色的天空里悬着无数半明半昧的星。船在动，星也在动，它们是这样低，真是摇摇欲坠呢！渐渐地我的眼睛模糊了，我好像看见无数萤火虫在我的周围飞舞。海上的夜是柔和的，是静寂的，是梦幻的。我望着许多认识的星，我仿佛看见它们在对我眨眼，我仿佛听见它们在小声说话。这时我忘记了一切。在星的怀抱中我微笑着，我沉睡着。我觉得自己是一个小孩子，现在睡在母亲的怀里了。

有一夜，那个在哥伦波上船的英国人指给我看天上的巨人。他用手指着：//那四颗明亮的星是头，下面的几颗是身子，这几颗是手，那几颗是腿和脚，还有三颗星算是腰带。经他这一番指点，我果然看清楚了那个天上的巨人。看，那个巨人还在跑呢！

### 作品 9 号 　　　节选自李恒瑞《风筝畅想曲》

假日到河滩上转转，看见许多孩子在放风筝。一根根长长的引线，一头系在天上，一头系在地上，孩子同风筝都在天与地之间悠荡，连心也被悠荡得恍恍惚惚了，好像又回到了童年。

儿时放的风筝，大多是自己的长辈或家人编扎的，几根削得很薄的篾，用细纱线扎成种种鸟兽的造型，糊上雪白的纸片，再用彩笔勾勒出面孔与翅膀的图案。通常扎得最多的是"老雕"、"美人儿"、"花蝴蝶"等。

我们家前院就有位叔叔，擅扎风筝，远近闻名。他扎的风筝不只体形好看，色彩艳丽，放飞得高远，还在风筝上绷一叶用蒲苇削成的膜片，经风一吹，发出"嗡嗡"的声响，仿佛是风筝的歌唱，在蓝天下播扬，给开阔的天地增添了无尽的韵味，给驰荡的童心带来几分疯狂。

我们那条胡同的左邻右舍的孩子们放的风筝几乎都是叔叔编扎的。他的风筝不卖钱，谁上门去要，就给谁，他乐意自己贴钱买材料。

后来，这位叔叔去了海外，放风筝也渐与孩子们远离了。不过年年叔叔给家乡写信，总不忘提起儿时的放风筝。香港回归之后，他在家信中说到，他这只被故乡放飞到海外的风筝，尽管飘荡游弋，经沐风雨，可那线头儿一直在故乡和//亲人手中牵着，如今飘得太累了，也该要回归到家乡和亲人身边来了。

是的。我想，不光是叔叔，我们每个人都是风筝，在妈妈手中牵着，从小放到大，再从家乡放到祖国最需要的地方去啊！

**作品 10 号　　　　节选自［美］艾尔玛·邦贝克《父亲的爱》**

爸不懂得怎样表达爱，使我们一家人融洽相处的是我妈。他只是每天上班下班，而妈则把我们做过的错事开列清单，然后由他来责骂我们。

有一次我偷了一块糖果，他要我把它送回去，告诉卖糖的说是我偷来的，说我愿意替他拆箱卸货作为赔偿。但妈妈却明白我只是个孩子。

我在运动场打秋千跌断了腿，在前往医院的途中一直抱着我的，是我妈。爸把汽车停在急诊室门口，他们叫他驶开，说那空位是留给紧急车辆停放的。爸听了便叫嚷道："你以为这是什么车？旅游车？"

在我生日会上，爸总是显得有些不大相称。他只是忙于吹气球，布置餐桌，做杂务。把插着蜡烛的蛋糕推过来让我吹的，是我妈。

我翻阅照相册时，人们总是问："你爸爸是什么样子的？"天晓得！他老是忙着替别人拍照。妈和我笑容可掬地一起拍的照片，多得不可胜数。

我记得妈有一次叫他教我骑自行车。我叫他别放手，但他却说是应该放手的时候了。我摔倒之后，妈跑过来扶我，爸却挥手要她走开。我当时生气极了，决心要给他点颜色看。于是我马上爬上自行车，而且自己骑给他看。他只是微笑。

我念大学时，所有的家信都是妈写的。他除//了寄支票外，还寄过一封短柬给我，说因为我没有在草坪上踢足球了，所以他的草坪长得很美。

每次我打电话回家，他似乎都想跟我说话，但结果总是说："我叫你妈来接。"

我结婚时，掉眼泪的是我妈。他只是大声擤了一下鼻子，便走出房间。

我从小到大都听他说："你到哪里去？什么时候回家？汽车有没有汽油？不，不准去。"爸完全不知道怎样表达爱。除非……

会不会是他已经表达了而我却未能察觉？

**作品 11 号　　　　节选自冯骥才《国家荣誉感》**

一个大问题一直盘踞在我脑袋里：

世界杯怎么会有如此巨大的吸引力？除去足球本身的魅力之外，还有什么超乎其上而更伟大的东西？

近来观看世界杯，忽然从中得到了答案：是由于一种无上崇高的精神情感——国家荣誉感！

地球上的人都会有国家的概念，但未必时时都有国家的感情。往往人到异国思念家乡，心怀故国，这国家概念就变得有血有肉，爱国之情来得非常具体。而现代社会，科技畅达，信息快捷，事事上网，世界真是太小太小，国家的界限似乎也不那么清晰了。再说足球正在快速世界化，平日里各国球员频繁转会，往来随意，致使越来越多的国家联赛都具有国际的因素。球员们不论国籍，只效力于自己的俱乐部，他们比赛时的激情中完全没有爱国主义的因子。

然而，到了世界杯大赛，天下大变。各国球员都回国效力，穿上与光荣的国旗同样色彩的服装。在每一场比赛前，还高唱国歌以宣誓对自己祖国的挚爱与忠诚。一种血缘情感开始在全身的血管里燃烧起来，而且立刻热血沸腾。

在历史时代，国家间经常发生对抗，好男儿戎装卫国。国家的荣誉往往需要以自己的生命去//换取。但在和平时代，惟有这种国家之间大规模对抗性的大赛，才可以唤起那种遥远而神圣的情感，那就是：为祖国而战！

**作品 12 号**　　　　**节选自峻青《海滨仲夏夜》**

夕阳落山不久，西方的天空，还燃烧着一片橘红色的晚霞。大海，也被这霞光染成了红色，而且比天空的景色更要壮观。因为它是活动的，每当一排排波浪涌起的时候，那映照在浪峰上的霞光，又红又亮，简直就像一片片霍霍燃烧着的火焰，闪烁着，消失了。而后面的一排，又闪烁着，滚动着，涌了过来。

天空的霞光渐渐地淡下去了，深红的颜色变成了绯红，绯红又变成浅红。最后，当这一切红光都消失了的时候，那突然显得高而远了的天空，则呈现出一片肃穆的神色。最早出现的启明星，在这蓝色的天幕上闪烁起来了。它是那么大，那么亮，整个广漠的天幕上只有它在那里放射着令人注目的光辉，活像一盏悬挂在高空的明灯。

夜色加浓，苍空中的"明灯"越来越多了。而城市各处的真的灯火也次第亮了起来，尤其是围绕在海港周围山坡上的那一片灯光，从半空倒映在乌蓝的海面上，随着波浪，晃动着，闪烁着，像一串流动着的珍珠，和那一片片密布在苍穹里的星斗互相辉映，煞是好看。

在这幽美的夜色中，我踏着软绵绵的沙滩，沿着海边，慢慢地向前走去。海水，轻轻地抚摸着细软的沙滩，发出温柔的//刷刷声。晚来的海风，清新而又凉爽。我的心里，有着说不出的兴奋和愉快。

夜风轻飘飘地吹拂着，空气中飘荡着一种大海和田禾相混合的香味儿，柔软的沙滩上还残留着白天太阳炙晒的余温。那些在各个工作岗位上劳动了一天的人们，三三两两地来到这软绵绵的沙滩上，他们浴着凉爽的海风，望着那缀满了星星的夜空，尽情地说笑，尽情地休憩。

**作品 13 号　　　　节选自童裳亮《海洋与生命》**

生命在海洋里诞生绝不是偶然的，海洋的物理和化学性质，使它成为孕育原始生命的摇篮。

我们知道，水是生物的重要组成部分，许多动物组织的含水量在百分之八十以上，而一些海洋生物的含水量高达百分之九十五。水是新陈代谢的重要媒介，没有它，体内的一系列生理和生物化学反应就无法进行，生命也就停止。因此，在短时期内动物缺水要比缺少食物更加危险。水对今天的生命是如此重要，它对脆弱的原始生命，更是举足轻重了。生命在海洋里诞生，就不会有缺水之忧。

水是一种良好的溶剂。海洋中含有许多生命所必需的无机盐，如氯化钠、氯化钾、碳酸盐、磷酸盐，还有溶解氧，原始生命可以毫不费力地从中吸取它所需要的元素。

水具有很高的热容量，加之海洋浩大，任凭夏季烈日曝晒，冬季寒风扫荡，它的温度变化却比较小。因此，巨大的海洋就像是天然的"温箱"，是孕育原始生命的温床。

阳光虽然为生命所必需，但是阳光中的紫外线却有扼杀原始生命的危险。水能有效地吸收紫外线，因而又为原始生命提供了天然的"屏障"。

这一切都是原始生命得以产生和发展的必要条件。//

**作品 14 号　　　　节选自（中国台湾）林清玄《和时间赛跑》**

读小学的时候，我的外祖母去世了。外祖母生前最疼爱我，我无法排除自己的忧伤，每天在学校的操场上一圈儿又一圈儿地跑着，跑得累倒在地上，扑在草坪上痛哭。

那哀痛的日子，断断续续地持续了很久，爸爸妈妈也不知道如何安慰我。他们知道与其骗我说外祖母睡着了，还不如对我说实话：外祖母永远不会回来了。

"什么是永远不会回来呢？"我问着。

"所有时间里的事物，都永远不会回来了。你的昨天过去，它就永远变成昨天，你不能再回到昨天。爸爸以前也和你一样小，现在也不能回到你这么小的童年了；有一天你会长大，你会像外祖母一样老；有一天你度过了你的时间，就永远不会回来了。"爸爸说。

爸爸等于给我一个谜语，这谜语比课本上的"日历挂在墙壁，一天撕去一页，使我心里着急"和"一寸光阴一寸金，寸金难买寸光阴"还让我感到可怕；也比作文本上的"光阴似箭，日月如梭"更让我觉得有一种说不出的滋味。

时间过得那么飞快，使我的小心眼儿里不只是着急，还有悲伤。有一天我放学回家，看到太阳快落山了，就下决心说："我要比太阳更快地回家。"我狂奔回去，站在庭院前喘气的时候，看到太阳//还露着半边脸，我高兴地跳跃起来，那一天我跑赢了太阳。以后我就时常做那样的游戏，有时和太阳赛跑，有时和西北风比快，有时一个暑假才能做完的作业，我十天就做完了；那时我三年级，常常把哥哥五年级的作业拿来做。每一次比赛胜过时间，我就快乐得不知道怎么形容。

如果将来我有什么要教给我的孩子，我会告诉他：假若你一直和时间比赛，你就可以成功！

**作品 15 号**　　　　节选自陈灼主编《实用汉语中级教程》（上）中的《胡适的白话电报》

三十年代初，胡适在北京大学任教授。讲课时他常常对白话文大加称赞，引起一些只喜欢文言文而不喜欢白话文的学生的不满。

一次，胡适正讲得得意的时候，一位姓魏的学生突然站了起来，生气地问："胡先生，难道说白话文就毫无缺点吗？"胡适微笑着回答说："没有。"那位学生更加激动了："肯定有！白话文废话大多，打电报用字多，花钱多。"胡适的目光顿时变亮了，轻声地解释说："不一定吧！前几天有位朋友给我打来电报，请我去政府部门工作，我决定不去，就回电拒绝了。复电是用白话写的，看来也很省字。请同学们根据我这个意思，用文言文写一个回电，看看究竟是白话文省字，还是文言文省字？"胡教授刚说完，同学们立刻认真地写了起来。

十五分钟过去了，胡适让同学举手，报告用字的数目，然后挑了一份用字最少的文言电报稿，电文是这样写的：

"才疏学浅，恐难胜任，不堪从命。"白话文的意思是：学问不深，恐怕很难担任这个工作，不能服从安排。

胡适说，这份写得确实不错，仅用了十二个字。但我的白话电报却只用了五个字："干不了，谢谢！"

胡适又解释说："干不了"就有才疏学浅、恐难胜任的意思；"谢谢"既//对朋友的介绍表示感谢，又有拒绝的意思。所以，废话多不多，并不看它是文言文还是白话文，只要注意选用字词，白话文是可以比文言文更省字的。

**作品 16 号**　　　　节选自[俄]柯罗连科《火光》，张铁夫译

很久以前，在一个漆黑的秋天的夜晚，我泛舟在西伯利亚一条阴森森的河上。船到

一个转弯处，只见前面黑黢黢的山峰下面一星火光蓦地一闪。

火光又明又亮，好像就在眼前……

"好啦，谢天谢地！"我高兴地说，"马上就到过夜的地方啦！"

船夫扭头朝身后的火光望了一眼，又不以为然地划起桨来。

"远着呢！"

我不相信他的话，因为火光冲破朦胧的夜色，明明就在那儿闪烁。不过船夫是对的，事实上，火光的确还远着呢。

这些黑夜的火光的特点是：驱散黑暗，闪闪发亮，近在眼前，令人神往。乍一看，再划几下就到了……其实却还远着呢！……

我们在漆黑如墨的河上又划了很久。一个个峡谷和悬崖，迎面驶来，又向后移去，仿佛消失在茫茫的远方，而火光却依然停在前头，闪闪发亮，令人神往——依然是这么近，又依然是这么远……

现在，无论是这条被悬崖峭壁的阴影笼罩的漆黑的河流，还是那一星明亮的火光，都经常浮现在我的脑际，在这以前和在这以后，曾有许多火光，似乎近在咫尺，不止使我一人心驰神往。可是生活之河却仍然在那阴森森的两岸之间流着，而火光也依旧非常遥远。因此，必须加劲划桨……

然而，火光啊……毕竟……毕竟就//在前头！

## 作品 17 号　　　节选自老舍《济南的冬天》

对于一个在北平住惯的人，像我，冬天要是不刮风，便觉得是奇迹；济南的冬天是没有风声的。对于一个刚由伦敦回来的人，像我，冬天要能看得见日光，便觉得是怪事；济南的冬天是响晴的。自然，在热带的地方，日光永远是那么毒，响亮的天气，反有点儿叫人害怕。可是，在北方的冬天，而能有温晴的天气，济南真得算个宝地。

设若单单是有阳光，那也算不了出奇。请闭上眼睛想：一个老城，有山有水，全在天底下晒着阳光，暖和安适地睡着，只等春风来把它们唤醒，这是不是理想的境界？小山把济南围了个圈儿，只有北边缺着点口儿。这一圈小山在冬天特别可爱，好像是把济南放在一个小摇篮里，它们安静不动地低声地说："你们放心吧，这儿准保暖和。"真的，济南的人们在冬天是面上含笑的。他们一看那些小山，心中便觉得有了着落，有了依靠。他们由天上看到山上，便不知不觉地想起：明天也许就是春天了吧？这样的温暖，今天夜里山草也许就绿起来了吧？就是这点儿幻想不能一时实现，他们也并不着急，因为这样慈善的冬天，干什么还希望别的呢！

最妙的是下点儿小雪呀。看吧，山上的矮松越发的青黑，//树尖儿上顶着一髻儿白花，好像日本看护妇。山尖儿全白了，给蓝天镶上一道银边。山坡上，有的地方雪厚点儿，有的地方草色还露着；这样，一道儿白，一道儿暗黄，给山们穿上一件带水纹儿的花衣；看着看着，这件花衣好像被风儿吹动，叫你希望看见一点儿更美的山的肌肤。等到快日落的时候，微黄的阳光斜射在山腰上，那点儿薄雪好像忽然害羞，微微露出点儿粉色。就是下小雪吧，济南是受不住大雪的，那些小山太秀气。

**作品 18 号        节选自郑莹《家乡的桥》**

在淳朴的家乡，村边有一条河，曲曲弯弯，河中架一弯石桥，弓样的小桥横跨两岸。

每天，不管是鸡鸣晓月，日丽中天，还是月华泻地，小桥都印下串串足迹，洒落串串汗珠。那是乡亲为了追求多棱的希望，兑现美好的遐想。弯弯小桥，不时荡过轻吟低唱，不时露出舒心的笑容。

因而，我稚小的心灵，曾将心声献给小桥：你是一弯银色的新月，给人间普照光辉；你是一把闪亮的镰刀，割刈着欢笑的花果；你是一根晃悠悠的扁担，挑起了彩色的明天！哦，小桥走进我的梦中。

我在漂泊他乡的岁月，心中总涌动着故乡的河水，梦中总看到弓样的小桥。当我访南疆探北国，眼帘闯进座座雄伟的长桥时，我的梦变得丰满了，增添了赤橙黄绿青蓝紫。

三十多年过去，我带着满头霜花回到故乡，第一紧要的便是去看望小桥。

啊！小桥呢？它躲起来了？河中一道长虹，浴着朝霞熠熠闪光。哦，雄浑的大桥敞开胸怀，汽车的呼啸、摩托的笛音、自行车的叮铃，合奏着进行交响乐；南来的钢筋、花布，北往的柑橙、家禽，绘出交流欢跃图……

啊！蜕变的桥，传递了家乡进步的消息，透露了家乡富裕的声音。时代的春风，美好的追求，我蓦地记起儿时唱//给小桥的歌，哦，明艳艳的太阳照耀了，芳香甜蜜的花果捧来了，五彩斑斓的岁月拉开了！

我心中涌动的河水，激荡起甜美的浪花。我仰望一碧蓝天，心底轻声呼喊：家乡的桥啊，我梦中的桥！

**作品 19 号        节选自游宇明《坚守你的高贵》**

三百多年前，建筑设计师莱伊恩受命设计了英国温泽市政府大厅。他运用工程力学的知识，依据自己多年的实践，巧妙地设计了只用一根柱子支撑的大厅天花板。一年以后，市政府权威人士进行工程验收时，却说只用一根柱子支撑天花板太危险，要求莱伊恩再多加几根柱子。

莱伊恩自信只要一根紧固的柱子足以保证大厅安全，他的"固执"惹恼了市政官员，险些被送上法庭。他非常苦恼，坚持自己原先的主张吧，市政官员肯定会另找人修改设计；

不坚持吧，又有悖自己为人的准则，矛盾了很长一段时间，莱伊恩终于想出了一条妙计，他在大厅里增加了四根柱子，不过这些柱子并未与天花板接触，只不过是装装样子。

三百年过去了，这个秘密始终没有被人发现。直到前两年，市政府准备修缮大厅的天花板，才发现莱伊恩当年的"弄虚作假"。消息传出后，世界各国的建筑专家和游客云集，当地政府对此也不加掩饰，在新世纪到来之际，特意将大厅作为一个旅游景点对外开放，旨在引导人们崇尚和相信科学。

作为一名建筑师，莱伊恩并不是最出色的。但作为一个人，他无疑非常伟大，这种//伟大表现在他始终恪守着自己的原则，给高贵的心灵一个美丽的住所：哪怕是遭遇到最大的阻力，也要想办法抵达胜利。

**作品 20 号　　　　节选自陶猛译《金子》**

自从传言有人在萨文河畔散步时无意发现了金子后，这里便常有来自四面八方的淘金者。他们都想成为富翁，于是寻遍了整个河床，还在河床上挖出很多大坑，希望借助它们找到更多的金子。的确，有一些人找到了，但另外一些人因为一无所得而只好扫兴归去。

也有不甘心落空的，便驻扎在这里，继续寻找。彼得·弗雷特就是其中一员。他在河床附近买了一块没人要的土地，一个人默默地工作。他为了找金子，已把所有的钱都押在这块土地上。他埋头苦干了几个月，直到土地全变成了坑坑洼洼，他失望了——他翻遍了整块土地，但连一丁点儿金子都没看见。

六个月后，他连买面包的钱都没有了。于是他准备离开这儿到别处去谋生。

就在他即将离去的前一个晚上，天下起了倾盆大雨，并且一下就是三天三夜。雨终于停了，彼得走出小木屋，发现眼前的土地看上去好像和以前不一样：坑坑洼洼已被大水冲刷平整，松软的土地上长出一层绿茸茸的小草。

"这里没找到金子，"彼得忽有所悟地说，"但这土地很肥沃，我可以用来种花，并且拿到镇上去卖给那些富人，他们一定会买些花装扮他们华丽的客//厅。如果真是这样的话，那么我一定会赚许多钱，有朝一日我也会成为富人……"

于是他留了下来。彼得花了不少精力培育花苗，不久田地里长满了美丽鲜艳的各色鲜花。

五年以后，彼得终于实现了他的梦想——成了一个富翁。"我是唯一一个找到真金的人！"他时常不无骄傲地告诉别人，"别人在这儿找不到金子后便远远地离开，而我的'金子'是在这块土地里，只有诚实的人用勤劳才能采集到。"

**作品 21 号**　　　　**节选自青白《捐诚》**

我在加拿大学习期间遇到过两次募捐，那情景至今使我难以忘怀。

一天，我在渥太华的街上被两个男孩子拦住去路，他们十来岁，穿得整整齐齐，每人头上戴着个做工精巧、色彩鲜艳的纸帽，上面写着"为帮助患小儿麻痹的伙伴募捐"。其中的一个，不由分说就坐在小凳上给我擦起皮鞋来，另一个则彬彬有礼地发问："小姐，您是哪国人？喜欢渥太华吗？""小姐，在你们国家有没有小孩儿患小儿麻痹？谁给他们医疗费？"一连串的问题，使我这个有生以来头一次在众目睽睽之下让别人擦鞋的异乡人，从近乎狼狈的窘态中解脱出来。我们像朋友一样聊起天儿来……

几个月之后，也是在街上。一些十字路口处或车站坐着几位老人。他们满头银发，身穿各种老式军装，上面布满了大大小小形形色色的徽章、奖章，每人手捧一大束鲜花。有水仙、石竹、玫瑰及叫不出名字的，一色雪白。匆匆过往的行人纷纷止步，把钱投进这些老人身旁的白色木箱内，然后向他们微微鞠躬，从他们手中接过一朵花。我看了一会儿，有人投一两元，有人投几百元，还有人掏出支票填好后投进木箱。那些老军人毫不注意人们捐多少钱，一直不//停地向人们低声道谢。同行的朋友告诉我，这是为纪念第二次世界大战中参战的勇士，募捐救济残废军人和烈士遗孀，每年一次；认捐的人可谓踊跃，而且秩序井然，气氛庄严。有些地方，人们还耐心地排着队。我想，这是因为他们都知道：正是这些老人们的流血牺牲换来了包括他们信仰自由在内的许许多多。

我两次把那微不足道的一点钱捧给他们，只想对他们说声"谢谢"。

**作品 22 号**　　　　**节选自王文杰《可爱的小鸟》**

没有一片绿叶，没有一缕炊烟，没有一粒泥土，没有一丝花香，只有水的世界，云的海洋。

一阵台风袭过，一只孤单的小鸟无家可归，落到被卷到洋里的木板上，乘流而下，姗姗而来，近了，近了！……

忽然，小鸟张开翅膀，在人们头顶盘旋了几圈，"噗啦"一声落到了船上。许是累了？还是发现了"新大陆"？水手撵它它不走，抓它，它乖乖地落在掌心。可爱的小鸟和善良的水手结成了朋友。

瞧，它多美丽，娇巧的小嘴，啄理着绿色的羽毛，鸭子样的扁脚，呈现出春草的鹅黄。水手们把它带到舱里，给它"搭铺"，让它在船上安家落户，每天，把分到的一塑料筒淡水匀给它喝，把从祖国带来的鲜美的鱼肉分给它吃，天长日久，小鸟和水手的感情日趋笃厚。清晨，当第一束阳光射进舷窗时，它便敞开美丽的歌喉，唱啊唱，嘤嘤有韵，宛如春水淙淙。人类给它以生命，它毫不悭吝地把自己的艺术青春奉献给了哺育它的人。可能都是这样？艺术家们的青春只会献给尊敬他们的人。

小鸟给远航生活蒙上了一层浪漫色调。返航时，人们爱不释手，恋恋不舍地想把它带到异乡。可小鸟憔悴了，给水，不喝！喂肉，不吃！油亮的羽毛失去了光泽。是啊，我//们有自己的祖国，小鸟也有它的归宿，人和动物都是一样啊，哪儿也不如故乡好！

慈爱的水手们决定放开它，让它回到大海的摇篮去，回到蓝色的故乡去。离别前，这个大自然的朋友与水手们留影纪念。它站在许多人的头上，肩上，掌上，胳膊上，与喂养过它的人们，一起融进那蓝色的画面……

**作品 23 号　　　节选自（中国台湾）刘墉《课不能停》**

纽约的冬天常有大风雪，扑面的雪花不但令人难以睁开眼睛，甚至呼吸都会吸入冰冷的雪花。有时前一天晚上还是一片晴朗，第二天拉开窗帘，却已经积雪盈尺，连门都推不开了。

遇到这样的情况，公司、商店常会停止上班，学校也通过广播，宣布停课。但令人不解的是，唯有公立小学，仍然开放。只见黄色的校车，艰难地在路边接孩子，老师则一大早就口中喷着热气，铲去车子前后的积雪，小心翼翼地开车去学校。

据统计，十年来纽约的公立小学只因为超级暴风雪停过七次课。这是多么令人惊讶的事。犯得着在大人都无须上班的时候让孩子去学校吗？小学的老师也太倒霉了吧？

于是，每逢大雪而小学不停课时，都有家长打电话去骂。妙的是，每个打电话的人，反应全一样——先是怒气冲冲地责问，然后满口道歉，最后笑容满面地挂上电话。原因是，学校告诉家长：

在纽约有许多百万富翁，但也有不少贫困的家庭。后者白天开不起暖气，供不起午餐，孩子的营养全靠学校里免费的中饭，甚至可以多拿些回家当晚餐。学校停课一天，穷孩子就受一天冻，挨一天饿，所以老师们宁愿自己苦一点儿，也不能停课。//

或许有家长会说：何不让富裕的孩子在家里，让贫穷的孩子去学校享受暖气和营养午餐呢？

学校的答复是：我们不愿让那些穷苦的孩子感到他们是在接受救济，因为施舍的最高原则是保持受施者的尊严。

**作品 24 号　　　节选自严文井《莲花和樱花》**

十年，在历史上不过是一瞬间。只要稍加注意，人们就会发现：在这一瞬间里，各种事物都悄悄经历了自己的千变万化。

这次重新访日，我处处感到亲切和熟悉，也在许多方面发觉了日本的变化。就拿奈良的一个角落来说吧，我重游了为之感受很深的唐招提寺，在寺内各处匆匆走了一遍，庭院依旧，但意想不到还看到了一些新的东西。其中之一，就是近几年从中国移植来的"友谊之莲"。

在存放鉴真遗像的那个院子里，几株中国莲昂然挺立，翠绿的宽大荷叶正迎风而舞，显得十分愉快。开花的季节已过，荷花朵朵已变为莲蓬累累。莲子的颜色正在由青转紫，看来已经成熟了。

我禁不住想："因"已转化为"果"。

中国的莲花开在日本，日本的樱花开在中国，这不是偶然。我希望这样一种盛况延续不衰。可能有人不欣赏花，但绝不会有人欣赏落在自己面前的炮弹。

在这些日子里，我看到了不少多年不见的老朋友，又结识了一些新朋友。大家喜欢涉及的话题之一，就是古长安和古奈良。那还用得着问吗，朋友们缅怀过去，正是瞩望未来。瞩目于未来的人们必将获得未来。

我不例外，也希望一个美好的未来。

为//了中日人民之间的友谊，我将不浪费今后生命的每一瞬间。

**作品 25 号　　　节选自朱自清《绿》**

梅雨潭闪闪的绿色招引着我们，我们开始追捉她那离合的神光了。揪着草，攀着乱石，小心探身下去，又鞠躬过了一个石穹门，便到了汪汪一碧的潭边了。

瀑布在襟袖之间，但是我的心中已没有瀑布了。我的心随潭水的绿而摇荡。那醉人的绿呀！仿佛一张极大极大的荷叶铺着，满是奇异的绿呀。我想张开两臂抱住她，但这是怎样一个妄想啊。

站在水边，望到那面，居然觉着有些远呢！这平铺着、厚积着的绿，着实可爱。她松松地皱缬着，像少妇拖着的裙幅；她滑滑的明亮着，像涂了"明油"一般，有鸡蛋清那样软，那样嫩；她又不杂些儿尘滓，宛然一块温润的碧玉，只清清的一色——但你却看不透她！

我曾见过北京什刹海拂地的绿杨，脱不了鹅黄的底子，似乎太淡了。我又曾见过杭州虎跑寺近旁高峻而深密的"绿壁"，丛叠着无穷的碧草与绿叶的，那又似乎太浓了。其余呢，西湖的波太明了，秦淮河的也太暗了。可爱的，我将什么来比拟你呢？我怎么比拟得出呢？大约潭是很深的，故能蕴蓄着这样奇异的绿；仿佛蔚蓝的天融了一块在里面似的，这才这般得鲜润啊。

那醉人的绿呀！我若能裁你以为带，我将赠给那轻盈的//舞女，她必能临风飘举了。我若能挹你以为眼，我将赠给你那善歌的盲妹，她必明眸善睐了。我舍不得你，我怎舍得你呢？我用手拍着你，抚摩着你，如同一个十二三岁的小姑娘。我又掬你入口，便是吻着她了。我送你一个名字，我从此叫你"女儿绿"，好吗？

第二次到仙岩的时候，我不禁惊诧于梅雨潭的绿了。

**作品 26 号　　　节选自许地山《落花生》**

我们家的后园有半亩空地，母亲说："让它荒着怪可惜的，你们那么爱吃花生，就开辟出来种花生吧。"我们姐弟几个都很高兴，买种，翻地，播种，浇水，没过几个月，居然收获了。

母亲说："今晚我们过一个收获节，请你们父亲也来尝尝我们的新花生，好不好？"我们都说好。母亲把花生做成了好几样食品，还吩咐就在后园的茅亭里过这个节。

晚上天色不太好，可是父亲也来了，实在很难得。

父亲说："你们爱吃花生么？"

我们争着答应："爱！"

"谁能把花生的好处说出来？"

姐姐说："花生的味美。"

哥哥说："花生可以榨油。"

我说："花生的价钱便宜，谁都可以买来吃，都喜欢吃。这就是它的好处。"

父亲说："花生的好处很多，有一样最可贵，它的果实埋在地里，不像桃子、石榴、苹果那样，把鲜红嫩绿的果实高高地挂在枝头上，使人一见就生爱慕之心。你们看它矮矮地长在地上，等到成熟了，也不能立刻分辨出来它有没有果实，必须挖出来才知道。"

我们都说是，母亲也点点头。

父亲接下去说："所以你们要像花生，它虽然不好看，可是很有用，不是外表好看而没有实用的东西。"

我说："那么，人要做有用的人，不要做只讲体面，而对别人没有好处的人了。"　//

父亲说："对。这是我对你们的希望。"

我们谈到夜深才散。花生做的食品都吃完了，父亲的话却深深地印在我的心上。

**作品 27 号　　　节选自[俄]屠格涅夫《麻雀》，巴金译**

我打猎回来，沿着花园的林荫路走着。狗跑在我的前边。

忽然，狗放慢脚步，蹑足潜行，好像嗅到了前边有什么野物。

我顺着林荫路望去，看见了一只嘴边还带着黄色、头上生着柔毛的小麻雀。风猛烈地吹打着林荫路上的白桦树，麻雀从巢里跌落下来，呆呆地伏在地上，孤立无援地张开两只羽毛还未丰满的小翅膀。

我的狗慢慢向它靠近，忽然，从附近的树上飞下一只黑胸脯的老麻雀，像一颗石子似地落到狗的跟前。老麻雀全身倒竖着羽毛，惊恐万状，发出绝望、凄惨的叫声，接着向露出牙齿、大张着的狗嘴扑去。

老麻雀是猛扑下来救护幼雀的。它用身体掩护着自己的幼儿……但它整个小小的身体因恐怖而战栗着，它小小的声音也变得粗暴嘶哑，它在牺牲自己！

在它看来，狗该是多么庞大的怪物啊！然而，它还是不能站在自己高高的、安全的树枝上……一种比它的理智更强烈的力量，使它从那儿扑下身来。

我的狗站住了，向后退了退……看来，它也感到这种力量。

我赶紧唤住惊慌失措的狗，然后我怀着崇敬的心情，走开了。

是啊，请不要见笑。我崇敬那只小小的、英勇的鸟儿，我崇敬它那种爱的冲动和力量。

爱，我想，比死//和死的恐惧更强大。只有依靠它，依靠这种爱，生命才能维持下去，发展下去。

**作品 28 号　　　　节选自唐若水译《迷途笛音》**

那年我 6 岁。离我家仅一箭之遥的小山坡旁，有一个早被废弃的采石场，双亲从来不准我去那儿，其实那儿风景十分迷人。

一个夏季的下午，我随着一群小伙伴偷偷上那儿去了。就在我们穿越了一条孤寂的小路后，他们却把我一个人留在原地，然后奔向"更危险的地带"了。

等他们走后，我惊慌失措地发现，再也找不到要回家的那条孤寂的小道了。像只无头的苍蝇，我到处乱钻，衣裤上挂满了芒刺。太阳已经落山，而此时此刻，家里一定开始吃晚餐了，双亲正盼着我回家……想着想着，我不由得背靠着一棵树，伤心地呜呜大哭起来……

突然，不远处传来了声声柳笛。我像找到了救星，急忙循声走去。一条小道边的树桩上坐着一位吹笛人，手里还正削着什么。走近细看，他不就是被大家称为"乡巴佬"的卡廷吗？

"你好，小家伙，"卡廷说，"看天气多美，你是出来散步的吧？"

我怯生生地点点头，答道："我要回家了。"

"请耐心等上几分钟，"卡廷说，"瞧，我正在削一支柳笛，差不多就要做好了，完工后就送给你吧！"

卡廷边削边不时把尚未成形的柳笛放在嘴里试吹一下。没过多久，一支柳笛便递到我手中。我俩在一阵阵清脆悦耳的笛音//中，踏上了归途……

当时，我心中只充满感激，而今天，当我自己也成了祖父时，却突然领悟到他用心之良苦！那天当他听到我的哭声时，便判定我一定迷了路，但他并不想在孩子面前扮演"救星"的角色，于是吹响柳笛以便让我能发现他，并跟着他走出困境！卡廷先生以乡下人的淳朴，保护了一个小男孩儿强烈的自尊。

**作品 29 号　　　节选自小学《语文》第六册中的《莫高窟》**

在浩瀚无垠的沙漠里，有一片美丽的绿洲，绿洲里藏着一颗闪光的珍珠。这颗珍珠就是敦煌莫高窟。它坐落在我国甘肃省敦煌市三危山和鸣沙山的怀抱中。

鸣沙山东麓是平均高度为十七米的崖壁。在一千六百多米长的崖壁上，凿有大小洞窟七百余个，形成了规模宏伟的石窟群。其中四百九十二个洞窟中，共有彩色塑像两千一百余尊，各种壁画共四万五千多平方米。莫高窟是我国古代无数艺术匠师留给人类的珍贵文化遗产。

莫高窟的彩塑，每一尊都是一件精美的艺术品。最大的有九层楼那么高，最小的还不如一个手掌大。这些彩塑个性鲜明，神态各异。有慈眉善目的菩萨，有威风凛凛的天王，还有强壮勇猛的力士……

莫高窟壁画的内容丰富多彩，有的是描绘古代劳动人民打猎、捕鱼、耕田、收割的情景，有的是描绘人们奏乐、舞蹈、演杂技的场面，还有的是描绘大自然的美丽风光。其中最引人注目的是飞天。壁画上的飞天，有的臂挎花篮，采摘鲜花；有的反弹琵琶，轻拨银弦；有的倒悬身子，自天而降；有的彩带飘拂，漫天遨游；有的舒展着双臂，翩翩起舞。看着这些精美动人的壁画，就像走进了//灿烂辉煌的艺术殿堂。

莫高窟里还有一个面积不大的洞窟——藏经洞。洞里曾藏有我国古代的各种经卷、文书、帛画、刺绣、铜像等共六万多件。由于清朝政府腐败无能，大量珍贵的文物被外国强盗掠走。仅存的部分经卷，现在陈列于北京故宫等处。

莫高窟是举世闻名的艺术宝库。这里的每一尊彩塑、每一幅壁画、每一件文物，都是中国古代人民智慧的结晶。

**作品 30 号　　　节选自张抗抗《牡丹的拒绝》**

其实你在很久以前并不喜欢牡丹，因为它总被人作为富贵膜拜。后来你目睹了一次牡丹的落花，你相信所有的人都会为之感动：一阵清风徐来，娇艳鲜嫩的盛期牡丹忽然整朵整朵地坠落，铺撒一地绚丽的花瓣。那花瓣落地时依然鲜艳夺目，如同一只奉上祭坛的大鸟脱落的羽毛，低吟着壮烈的悲歌离去。

牡丹没有花谢花败之时，要么烁于枝头，要么归于泥土，它跨越萎顿和衰老，由青春而死亡，由美丽而消遁。它虽美却不吝惜生命，即使告别也要展示给人最后一次的惊心动魄。

所以在这阴冷的四月里，奇迹不会发生。任凭游人扫兴和诅咒，牡丹依然安之若素。它不苟且、不俯就、不妥协、不媚俗，甘愿自己冷落自己。它遵循自己的花期自己的规律，它有权利为自己选择每年一度的盛大节日。它为什么不拒绝寒冷？

天南海北的看花人，依然络绎不绝地涌入洛阳城。人们不会因牡丹的拒绝而拒绝它的美。如果它再被贬谪十次，也许它就会繁衍出十个洛阳牡丹城。

于是你在无言的遗憾中感悟到，富贵与高贵只是一字之差。同人一样，花儿也是有灵性的，更有品位之高低。品位这东西为气为魂为//筋骨为神韵，只可意会。你叹服牡丹卓而不群之姿，方知品位是多么容易被世人忽略或是漠视的美。

**作品 31 号**　　节选自《中考语文课外阅读试题精选》中的《"能吞能吐"的森林》

森林涵养水源，保持水土，防止水旱灾害的作用非常大。据专家测算，一片十万亩面积的森林，相当于一个两百万立方米的水库，这正如农谚所说的："山上多栽树，等于修水库。雨多它能吞，雨少它能吐。"

说起森林的功劳，那还多得很。它除了为人类提供木材及许多种生产、生活的原料之外，在维护生态环境方面也是功劳卓著，它用另一种"能吞能吐"的特殊功能孕育了人类。因为地球在形成之初，大气中的二氧化碳含量很高，氧气很少，气温也高，生物是难以生存的。大约在四亿年之前，陆地才产生了森林。森林慢慢将大气中的二氧化碳吸收，同时吐出新鲜氧气，调节气温：这才具备了人类生存的条件，地球上才最终有了人类。

森林，是地球生态系统的主体，是大自然的总调度室，是地球的绿色之肺。森林维护地球生态环境的这种"能吞能吐"的特殊功能是其他任何物体都不能取代的。然而，由于地球上的燃烧物增多，二氧化碳的排放量急剧增加，使得地球生态环境急剧恶化，主要表现为全球气候变暖，水分蒸发加快，改变了气流的循环，使气候变化加剧，从而引发热浪、飓风、暴雨、洪涝及干旱。

为了//使地球的这个"能吞能吐"的绿色之肺恢复健壮，以改善生态环境，抑制全球变暖，减少水旱等自然灾害，我们应该大力造林、护林，使每一座荒山都绿起来。

**作品 32 号**　　节选自（中国台湾）杏林子《朋友和其他》

朋友即将远行。

暮春时节，又邀了几位朋友在家小聚，虽然都是极熟的朋友，却是终年难得一见，偶尔电话里相遇，也无非是几句寻常话。一锅小米稀饭，一碟大头菜，一盘自家酿制的泡菜，一只巷口买回的烤鸭，简简单单，不像请客，倒像家人团聚。

其实，友情也好，爱情也好，久而久之都会转化为亲情。

说也奇怪，和新朋友会谈文学、谈哲学、谈人生道理等等，和老朋友却只话家常，柴米油盐，细细碎碎，种种琐事。很多时候，心灵的契合已经不需要太多的言语来表达。

朋友新烫了个头，不敢回家见母亲，恐怕惊骇了老人家，却欢天喜地来见我们，老朋友颇能以一种趣味性的眼光欣赏这个改变。

年少的时候，我们差不多都在为别人而活，为苦口婆心的父母活，为循循善诱的师长活，为许多观念、许多传统的约束力而活。年岁逐增，渐渐挣脱外在的限制与束缚，开始懂得为自己活，照自己的方式做一些自己喜欢的事，不在乎别人的批评意见，不在乎别人的诋毁流言，只在乎那一分随心所欲的舒坦自然。偶尔，也能够纵容自己放浪一下，并且有一种恶作剧的窃喜。

就让生命顺其自然，水到渠成吧，犹如窗前的//乌桕，自生自落之间，自有一分圆融丰满的喜悦。春雨轻轻落着，没有诗，没有酒，有的只是一分相知相属的自在自得。

夜色在笑语中渐渐沉落，朋友起身告辞，没有挽留，没有送别，甚至也没有问归期。

已经过了大喜大悲的岁月，已经过了伤感流泪的年华，知道了聚散原来是这样的自然和顺理成章，懂得这点，便懂得珍惜每一次相聚的温馨，离别便也欢喜。

### 作品 33 号　　　节选自莫怀戚《散步》

我们在田野散步：我，我的母亲，我的妻子和儿子。

母亲本不愿出来的。她老了，身体不好，走远一点儿就觉得很累。我说，正因为如此，才应该多走走。母亲信服地点点头，便去拿外套。她现在很听我的话，就像我小时候很听她的话一样。

这南方初春的田野，大块小块的新绿随意地铺着，有的浓，有的淡，树上的嫩芽也密了，田里的冬水也咕咕地起着水泡。这一切都使人想着一样东西——生命。

我和母亲走在前面，我的妻子和儿子走在后面。小家伙突然叫起来："前面是妈妈和儿子，后面也是妈妈和儿子。"我们都笑了。

后来发生了分歧，母亲要走大路，大路平顺；我的儿子要走小路，小路有意思。不过，一切都取决于我。我的母亲老了，她早已习惯听从她强壮的儿子；我的儿子还小，他还习惯听从他高大的父亲；妻子呢，在外面，她总是听我的。一霎时我感到了责任的重大。我想找一个两全的办法，找不出；我想拆散一家人，分成两路，各得其所，终不愿意。我决定委屈儿子，因为我伴同他的时日还长。我说："走大路。"

但是母亲摸摸孙儿的小脑瓜，变了主意："还是走小路吧。"她的眼随小路望去：那里有金色的菜花，两行整齐的桑树，//尽头一口水波粼粼的鱼塘。"我走不过去的地方，你就背着我。"母亲对我说。

这样，我们在阳光下，向着那菜花、桑树和鱼塘走去。到了一处，我蹲下来，背起了母亲；妻子也蹲下来，背起了儿子。我和妻子都是慢慢地，稳稳地，走得很仔细，好像我背上的同她背上的加起来，就是整个世界。

**作品 34 号**　　节选自罗伯特·罗威尔《神秘的"无底洞"》

地球上是否真的存在"无底洞"？按说地球是圆的，由地壳、地幔和地核三层组成，真正的"无底洞"是不应存在的，我们所看到的各种山洞、裂口、裂缝，甚至火山口也都只是地壳浅部的一种现象。然而中国一些古籍却多次提到海外有个深奥莫测的无底洞。事实上地球上确实有这样一个"无底洞"。

它位于希腊亚各斯古城的海滨。由于濒临大海，大涨潮时，汹涌的海水便会排山倒海般地涌入洞中，形成一股湍湍的急流。据测，每天注入洞内的海水量达三万多吨。奇怪的是，如此大量的海水灌入洞中，却从来没有把洞灌满。曾有人怀疑，这个"无底洞"会不会就像石灰岩地区的漏斗、竖井、落水洞一类的地形。然而从十二世纪三十年代以来，人们就做了多种努力企图寻找它的出口，却都是枉费心机。

为了揭开这个秘密，一九五八年美国地理学会派出一支考察队，他们把一种经久不变的带色染料溶解在海水中，观察染料是如何随着海水一起沉下去。接着又察看了附近海面以及岛上的各条河、湖，满怀希望地寻找这种带颜色的水，结果令人失望。难道是海水量太大把有色水稀释得太淡，以致无法发现？//

至今谁也不知道为什么这里的海水会没完没了地"漏"下去，这个"无底洞"的出口又在哪里，每天大量的海水究竟都流到哪里去了？

**作品 35 号**　　节选自[奥]茨威格《世间最美的坟墓》，张厚仁译

我在俄国所见到的景物再没有比托尔斯泰墓更宏伟、更感人的。

完全按照托尔斯泰的愿望；他的墓成了世间最美的，给人印象最深刻的坟墓。它只是树林中的一个小小的长方形土丘，上面开满鲜花——没有十字架，没有墓碑，没有墓志铭，连托尔斯泰这个名字也没有。

这位比谁都感到受自己的声名所累的伟人，却像偶尔被发现的流浪汉，不为人知的士兵，不留名姓地被人埋葬了。谁都可以踏进他最后的安息地，围在四周稀疏的木栅栏是不关闭的——保护列夫·托尔斯泰得以安息的没有任何别的东西，惟有人们的敬意；而通常，人们却总是怀着好奇，去破坏伟人墓地的宁静。

这里，逼人的朴素禁锢住任何一种观赏的闲情，并且不容许你大声说话。风儿俯临，在这座无名者之墓的树木之间飒飒响着，和暖的阳光在坟头嬉戏；冬天，白雪温柔地覆盖这片幽暗的土地。无论你在夏天或冬天经过这儿，你都想象不到，这个小小的、隆起

的长方体里安放着一位当代最伟大的人物。

然而，恰恰是这座不留姓名的坟墓，比所有挖空心思用大理石和奢华装饰建造的坟墓更扣人心弦。在今天这个特殊的日子//里，到他的安息地来的成百上千人中间，没有一个有勇气，哪怕仅仅从这幽暗的土丘上摘下一朵花留作纪念。人们重新感到，世界上再没有比托尔斯泰最后留下的、这座纪念碑式的朴素坟墓，更打动人心的了。

**作品 36 号　　　节选自叶圣陶《苏州园林》**

我国的建筑，从古代的宫殿到近代的一般住房，绝大部分是对称的，左边怎么样，右边怎么样。苏州园林可绝不讲究对称，好像故意避免似的。东边有了一个亭子或者一道回廊，西边绝不会来一个同样的亭子或者一道同样的回廊。这是为什么？我想，用图画来比方，对称的建筑是图案画，不是美术画，而园林是美术画，美术画要求自然之趣，是不讲究对称的。

苏州园林里都有假山和池沼。假山的堆叠，可以说是一项艺术而不仅是技术。或者是重峦叠嶂，或者是几座小山配合着竹子花木，全在乎设计者和匠师们生平多阅历，胸中有丘壑，才能使游览者攀登的时候忘却苏州城市，只觉得身在山间。

至于池沼，大多引用活水。有些园林池沼宽敞，就把池沼作为全园的中心，其他景物配合着布置。水面假如成河道模样，往往安排桥梁。假如安排两座以上的桥梁，那就一座一个样，绝不雷同。

池沼或河道的边沿很少砌齐整的石岸，总是高低屈曲任其自然。还在那儿布置几块玲珑的石头，或者种些花草。这也是为了取得从各个角度看都成一幅画的效果。池沼里养着金鱼或各色鲤鱼，夏秋季节荷花或睡莲开//放，游览者看"鱼戏莲叶间"，又是入画的一景。

**作品 37 号　　　节选自《态度创造快乐》**

一位访美中国女作家，在纽约遇到一位卖花的老太太。老太太穿着破旧，身体虚弱，但脸上的神情却是那样祥和兴奋。女作家挑了一朵花说："看起来，你很高兴。"老太太面带微笑地说："是的，一切都这么美好，我为什么不高兴呢？""对烦恼，你倒真能看得开。"女作家又说了一句。没料到，老太太的回答更令女作家大吃一惊："耶稣在星期五被钉上十字架时，是全世界最糟糕的一天，可三天后就是复活节。所以，当我遇到不幸时，就会等待三天，这样一切就恢复正常了。"

"等待三天"，多么富于哲理的话语，多么乐观的生活方式。它把烦恼和痛苦抛下，全力去收获快乐。

沈从文在"文革"期间，陷入了非人的境地。可他毫不在意，他在咸宁时给他的表侄、画家黄永玉写信说："这里的荷花真好，你若来……"身陷苦难却仍为荷花的盛开欣喜赞叹不已，这是一种趋于澄明的境界，一种旷达洒脱的胸襟，一种面临磨难坦荡从容的气度，一种对生活童子般的热爱和对美好事物无限向往的生命情感。

由此可见，影响一个人快乐的，有时并不是困境及磨难，而是一个人的心态。如果把自己浸泡在积极、乐观、向上的心态中，快乐必然会//占据你的每一天。

**作品 38 号　节选自杨朔《泰山极顶》**

泰山极顶看日出，历来被描绘成十分壮观的奇景。有人说：登泰山而看不到日出，就像一出大戏没有戏眼，味儿终究有点寡淡。

我去爬山那天，正赶上个难得的好天，万里长空，云彩丝儿都不见。素常，烟雾腾腾的山头，显得眉目分明。同伴们都欣喜地说："明儿早晨准可以看见日出了。"我也是抱着这种想头，爬上山去。

一路上从山脚往上爬，细看山景，我觉得挂在眼前的不是五岳独尊的泰山，却像一幅规模惊人的青绿山水画，从下面倒展开来。在画卷中最先露出的是山根底那座明朝建筑岱宗坊，慢慢地便现出王母池、斗母宫、经石峪。山是一层比一层深，一叠比一叠奇，层层叠叠，不知还会有多深多奇。万山丛中，时而点染着极其工细的人物。王母池旁的吕祖殿里有不少尊明塑，塑着吕洞宾等一些人，姿态神情是那样有生气，你看了，不禁会脱口赞叹说："活啦。"

画卷继续展开，绿阴森森的柏洞露面不太久，便来到对松山。两面奇峰对峙着，满山峰都是奇形怪状的老松，年纪怕都有上千岁了，颜色竟那么浓，浓得好像要流下来似的。来到这儿，你不妨权当一次画里的写意人物，坐在路旁的对松亭里，看看山色，听听流//水和松涛。

一时间，我又觉得自己不仅是在看画卷，却又像是在零零乱乱翻着一卷历史稿本。

**作品 39 号　节选自《教师博览·百期精华》中的《陶行知的"四块糖果"》**

育才小学校长陶行知在校园看到学生王友用泥块砸自己班上的同学，陶行知当即喝止了他，并令他放学后到校长室去。无疑，陶行知是要好好教育这个"顽皮"的学生。那么他是如何教育的呢？

放学后，陶行知来到校长室，王友已经等在门口准备挨训了。可一见面，陶行知却掏出一块糖果送给王友，并说："这是奖给你的，因为你按时来到这里，而我却迟到了。"王友惊疑地接过糖果。

随后，陶行知又掏出一块糖果放到他手里，说："这第二块糖果也是奖给你的，因为当我不让你再打人时，你立即就住手了，这说明你很尊重我，我应该奖你。"王友更惊疑了，他眼睛睁得大大的。

陶行知又掏出第三块糖果塞到王友手里，说："我调查过了，你用泥块砸那些男生，是因为他们不守游戏规则，欺负女生；你砸他们，说明你很正直善良，有跟坏人作斗争的勇气，应该奖励你啊！"王友感动极了，他流着泪后悔地喊道："陶……陶校长你打我两下吧！我砸的不是坏人，而是自己的同学啊……"

陶行知满意地笑了，他随即掏出第四块糖果递给王友，说："为你正确地认识错误，我再奖给你一块糖果，只可惜我只有这一块糖果了。我的糖果//没有了，我看我们的谈话也该结束了吧！"说完，就走出了校长室。

### 作品 40 号　　节选自毕淑敏《提醒幸福》

享受幸福是需要学习的，当幸福即将来临的时刻需要提醒。人可以自然而然地学会感官的享乐，人却无法天生地掌握幸福的韵律。灵魂的快意同器官的舒适像一对孪生兄弟，时而相傍相依，时而南辕北辙。

幸福是一种心灵的震颤。它像会倾听音乐的耳朵一样，需要不断地训练。

简而言之，幸福就是没有痛苦的时刻。它出现的频率并不像我们想象的那样少。人们常常只是在幸福的金马车已经驶过去很远时，才拣起地上的金鬃毛说，原来我见过它。

人们喜爱回味幸福的标本，却忽略它披着露水散发清香的时刻。那时候我们往往步履匆匆，瞻前顾后不知在忙着什么。

世上有预报台风的，有预报蝗灾的，有预报瘟疫的，有预报地震的。没有人预报幸福。其实幸福和世界万物一样，有它的征兆。

幸福常常是朦胧的，很有节制地向我们喷洒甘霖。你不要总希望轰轰烈烈的幸福，它多半只是悄悄地扑面而来。你也不要企图把水龙头拧得更大，那样它会很快地流失。你需要静静地以平和之心，体验它的真谛。

幸福绝大多数是朴素的。它不会像信号弹似的，在很高的天际闪烁红色的光芒。它披着本色的外衣，亲//切温暖地包裹起我们。

幸福不喜欢喧嚣浮华，它常常在暗淡中降临。贫困中相濡以沫的一块糕饼，患难中心心相印的一个眼神，父亲一次粗糙的抚摸，女友一张温馨的字条……这都是千金难买的幸福啊。像一粒粒缀在旧绸子上的红宝石，在凄凉中愈发熠熠夺目。

### 作品 41 号　　节选自刘燕敏《天才的造就》

在里约热内卢的一个贫民窟里，有一个男孩子，他非常喜欢足球，可是又买不起，于是就踢塑料盒，踢汽水瓶，踢从垃圾箱里拣来的椰子壳。他在胡同里踢，在能找到的任何一片空地上踢。

有一天，当他在一处干涸的水塘里猛踢一个猪膀胱时，被一位足球教练看见了。他发现这个男孩儿踢得很像是那么回事，就主动提出要送给他一个足球。小男孩儿得到足球后踢得更卖劲了。不久，他就能准确地把球踢进远处随意摆放的一个水桶里。

圣诞节到了，孩子的妈妈说："我们没有钱买圣诞礼物送给我们的恩人，就让我们为他祈祷吧。"

小男孩儿跟随妈妈祈祷完毕，向妈妈要了一把铲子便跑了出去。他来到一座别墅前的花园里，开始挖坑。

就在他快要挖好坑的时候，从别墅里走出一个人来，问小孩儿在干什么，孩子抬起满是汗珠的脸蛋儿，说："教练，圣诞节到了，我没有礼物送给您，我愿给您的圣诞树挖一个树坑。"

教练把小男孩儿从树坑里拉上来，说，我今天得到了世界上最好的礼物。明天你就到我的训练场去吧。

三年后，这位十七岁的男孩儿在第六届足球锦标赛上独进二十一球，为巴西第一次捧回了金杯。一个原来不//为世人所知的名字——贝利，随之传遍世界。

**作品 42 号　　节选自[法]罗曼·加里《我的母亲独一无二》**

记得我十三岁时，和母亲住在法国东南部的耐斯城。母亲没有丈夫，也没有亲戚，够清苦的，但她经常能拿出令人吃惊的东西，摆在我面前。她从来不吃肉，一再说自己是素食者。然而有一天，我发现母亲正仔细地用一小块碎面包擦那给我煎牛排用的油锅。我明白了她称自己为素食者的真正原因。

我十六岁时，母亲成了耐斯市美蒙旅馆的女经理。这时，她更忙碌了。一天，她瘫在椅子上，脸色苍白，嘴唇发灰。马上找来医生，做出诊断：她摄取了过多的胰岛素。直到这时我才知道母亲多年一直对我隐瞒的疾痛——糖尿病。

她的头歪向枕头一边，痛苦地用手抓挠胸口。床架上方，则挂着一枚我一九三二年赢得耐斯市少年乒乓球冠军的银质奖章。

啊，是对我的美好前途的憧憬支撑着她活下去，为了给她那荒唐的梦至少加一点真实的色彩，我只能继续努力，与时间竞争，直至一九三八年我被征入空军。巴黎很快失陷，我辗转调到英国皇家空军。刚到英国就接到了母亲的来信。这些信是由在瑞士的一个朋友秘密地转到伦敦，送到我手中的。

现在我要回家了，胸前佩戴着醒目的绿黑两色的解放十字绶//带，上面挂着五六枚我终身难忘的勋章，肩上还佩戴着军官肩章。到达旅馆时，没有一个人跟我打招呼。原来，我母亲在三年半以前就已经离开人间了。

在她死前的几天中，她写了近二百五十封信，把这些信交给她在瑞士的朋友，请这个朋友定时寄给我。就这样，在母亲死后的三年半的时间里，我一直从她身上汲取着力量和勇气——这使我能够继续战斗到胜利那一天。

**作品 43 号　　节选自[波兰]玛丽·居里《我的信念》，剑捷译**

生活对于任何人都非易事，我们必须有坚韧不拔的精神。最要紧的，还是我们自己要有信心。我们必须相信，我们对每一件事情都具有天赋的才能，并且，无论付出任何代价，都要把这件事完成，当事情结束的时候，你要能问心无愧地说："我已经尽我所能了。"

有一年的春天，我因病被迫在家里休息数周。我注视着我的女儿们所养的蚕正在结茧，这使我很感兴趣。望着这些蚕执著地、勤奋地工作，我感到我和它们非常相似。像它们一样，我总是耐心地把自己的努力集中在一个目标上。我之所以如此，或许是因为有某种力量在鞭策着我——正如蚕被鞭策着去结茧一般。

近五十年来，我致力于科学研究，而研究，就是对真理的探讨。我有许多美好快乐的记忆。少女时期我在巴黎大学，孤独地过着求学的岁月；在后来献身科学的整个时期，我丈夫和我专心致志，像在梦幻中一般，坐在简陋的书房里艰辛地研究，后来我们就在那里发现了镭。

我永远追求安静的工作和简单的家庭生活。为了实现这个理想，我竭力保持宁静的环境，以免受人事的干扰和盛名的拖累。

我深信，在科学方面我们有对事业而不是//对财富的兴趣。我的惟一奢望是在一个自由国家中，以一个自由学者的身份从事研究工作。

我一直沉醉于世界的优美之中，我所热爱的科学也不断增加它崭新的远景。我认定科学本身就具有伟大的美。

**作品 44 号　　节选自[美]彼得·基·贝得勒《我为什么当教师》**

我为什么非要教书不可？是因为我喜欢当教师的时间安排表和生活节奏。七、八、九三个月给我提供了进行回顾、研究、写作的良机，并将三者有机融合，而善于回顾、研究和总结正是优秀教师素质中不可缺少的成分。

干这行给了我多种多样的"甘泉"去品尝，找优秀的书籍去研读，到"象牙塔"和实际世界里去发现。教学工作给我提供了继续学习的时间保证，以及多种途径、机遇和挑战。

然而，我爱这一行的真正原因，是爱我的学生。学生们在我的眼前成长、变化。当教师意味着亲历"创造"过程的发生——恰似亲手赋予一团泥土以生命，没有什么比目睹它开始呼吸更激动人心的了。

权利我也有了：我有权利去启发诱导，去激发智慧的火花，去问费心思考的问题，去赞扬回答的尝试，去推荐书籍，去指点迷津。还有什么别的权利能与之相比呢？

而且，教书还给我金钱和权利之外的东西，那就是爱心。不仅有对学生的爱，对书籍的爱，对知识的爱，还有教师才能感受到的对"特别"学生的爱。这些学生，有如冥顽不灵的泥块，由于接受了老师的炽爱才勃发了生机。

所以，我爱教书，还因为，在那些勃发生机的"特//别"学生身上，我有时发现自己和他们呼吸相通，忧乐与共。

**作品 45 号　节选自《中考语文课外阅读试题精选》中的《西部文化和西部开发》**

中国西部我们通常是指黄河与秦岭相连一线以西，包括西北和西南的十二个省、市、自治区。这块广袤的土地面积为五百四十六万平方公里，占国土总面积的百分之五十七；人口二点八亿，占全国总人口的百分之二十三。

西部是华夏文明的源头。华夏祖先的脚步是顺着水边走的：长江上游出土过元谋人牙齿化石，距今约一百七十万年；黄河中游出土过蓝田人头盖骨，距今约七十万年。这两处古人类都比距今约五十万年的北京猿人资格更老。

西部地区是华夏文明的重要发源地。秦皇汉武以后，东西方文化在这里交汇融合，从而有了丝绸之路的驼铃声声，佛院深寺的暮鼓晨钟。敦煌莫高窟是世界文化史上的一个奇迹，它在继承汉晋艺术传统的基础上，形成了自己兼收并蓄的恢宏气度，展现出精美绝伦的艺术形式和博大精深的文化内涵。秦始皇兵马俑、西夏王陵、楼兰古国、布达拉宫、三星堆、大足石刻等历史文化遗产，同样为世界所瞩目，成为中华文化重要的象征。

西部地区又是少数民族及其文化的集萃地，几乎包括了我国所有的少数民族。在一些偏远的少数民族地区，仍保留//了一些久远时代的艺术品种，成为珍贵的"活化石"，如纳西古乐、戏曲、剪纸、刺绣、岩画等民间艺术和宗教艺术。特色鲜明、丰富多彩，犹如一个巨大的民族民间文化艺术宝库。

我们要充分重视和利用这些得天独厚的资源优势，建立良好的民族民间文化生态环境，为西部大开发做出贡献。

**作品 46 号　节选自王蒙《喜悦》**

高兴，这是由一种具体的被看得到摸得着的事物所唤起的情绪。它是心理的，更是生理的。它容易来也容易去，谁也不应该对它视而不见失之交臂，谁也不应该总是做那些使自己不高兴也使旁人不高兴的事。让我们说一件最容易做也最令人高兴的事吧，尊重你自己，也尊重别人，这是每一个人的权利，我还要说这是每一个人的义务。

快乐，它是一种富有概括性的生存状态、工作状态。它几乎是先验的，它来自生命本身的活力，来自宇宙、地球和人间的吸引，它是世界的丰富、绚丽、阔大、悠久的体现。快乐还是一种力量，是埋在地下的根脉。消灭一个人的快乐比挖掘掉一棵大树的根要难得多。

欢欣，这是一种青春的、诗意的情感。它来自面向着未来伸开双臂奔跑的冲力，它来自一种轻松而又神秘、朦胧而又隐秘的激动，它是激情即将到来的预兆，它又是大雨过后的比下雨还要美妙得多也久远得多的回味……

喜悦，它是一种带有形而上色彩的修养和境界。与其说它是一种情绪，不如说它是一种智慧、一种超拔、一种悲天悯人的宽容和理解，一种饱经沧桑的充实和自信，一种光明的理性，一种坚定//的成熟，一种战胜了烦恼和庸俗的清明澄澈。它是一潭清水，它是一抹朝霞，它是无边的平原，它是沉默的地平线。多一点儿、再多一点儿喜悦吧，它是翅膀，也是归巢。它是一杯美酒，也是一朵永远开不败的莲花。

## 作品 47 号　　节选自舒乙《香港：最贵的一棵树》

在湾仔，香港最热闹的地方，有一棵榕树，它是最贵的一棵树，不光在香港，在全世界，都是最贵的。

树，活的树，又不卖，何言其贵？只因它老，它粗，是个香港百年沧桑的活见证，香港人不忍看着它被砍伐，或者被移走，便跟要占用这片山坡的建筑者谈条件：可以在这儿建大楼盖商厦，但一不准砍树，二不准挪树，必须把它原地精心养起来，成为香港闹市中的一景。太古大厦的建设者最后签了合同，占用这个大山坡建豪华商厦的先决条件是同意保护这棵老树。

树长在半山坡上，计划将树下面的成千上万吨山石全部掏空取走，腾出地方来盖楼。把树架在大楼上面，仿佛它原本是长在楼顶上似的。建设者就地造了一个直径十八米、深十米的大花盆，先固定好这棵老树，再在大花盆底下盖楼，光这一项就花了两千三百八十九万港币，堪称是最昂贵的保护措施了。

太古大厦落成之后，人们可以乘滚动扶梯一次到位，来到太古大厦的顶层，出后门，那儿是一片自然景色。一棵大树出现在人们面前，树干有一米半粗，树冠直径足有二十多米，独木成林，非常壮观，形成一座以它为中心的小公园，取名叫"榕圃"。树前面//插着铜牌，说明缘由。此情此景，如不看铜牌的说明，绝对想不到巨树根底下还有一座宏伟的现代大楼。

**作品 48 号**　　节选自巴金《小鸟的天堂》

我们的船渐渐地逼近榕树了。我有机会看清它的真面目：是一棵大树，有数不清的丫枝，枝上又生根，有许多根一直垂到地上，伸进泥土里。一部分树枝垂到水面，从远处看，就像一棵大树斜躺在水面上一样。

现在正是枝繁叶茂的时节。这棵榕树好像在把它的全部生命力展示给我们看。那么多的绿叶，一簇堆在另一簇的上面，不留一点缝隙。翠绿的颜色明亮地在我们的眼前闪耀，似乎每一片树叶上都有一个新的生命在颤动，这美丽的南国的树！

船在树下泊了片刻，岸上很湿，我们没有上去。朋友说这里是"鸟的天堂"，有许多鸟在这棵树上做窝，农民不许人去捉它们。我仿佛听见几只鸟扑翅的声音，但是等到我的眼睛注意地看那里时，我却看不见一只鸟的影子。只有无数的树根立在地上，像许多根木桩。地是湿的，大概涨潮时河水常常冲上岸去。"鸟的天堂"里没有一只鸟，我这样想到。船开了，一个朋友拨着船，缓缓地流到河中间去。

第二天，我们划着船到一个朋友的家乡去，就是那个有山有塔的地方。从学校出发，我们又经过那"鸟的天堂"。

这一次是在早晨，阳光照在水面上，也照在树梢上。一切都//显得非常光明。我们的船也在树下泊了片刻。

起初四周围非常清静。后来忽然起了一声鸟叫。我们把手一拍，便看见一只大鸟飞了起来，接着又看见第二只、第三只。我们继续拍掌，很快地这个树林就变得很热闹了。到处都是鸟声，到处都是鸟影。大的，小的，花的，黑的，有的站在枝上叫，有的飞起来，在扑翅膀。

**作品 49 号**　　节选自夏衍《野草》

有这样一个故事。

有人问：世界上什么东西的气力最大？回答纷纭得很，有的说"象"，有的说"狮"，有人开玩笑似的说：是"金刚"，金刚有多少气力，当然大家全不知道。

结果，这一切答案完全不对，世界上气力最大的，是植物的种子。一粒种子所可以显现出来的力，简直是超越一切。

人的头盖骨，结合得非常致密与坚固，生理学家和解剖学者用尽了一切的方法，要把它完整地分出来，都没有这种力气。后来忽然有人发明了一个方法，就是把一些植物的种子放在要剖析的头盖骨里，给它以温度与湿度，使它发芽。一发芽，这些种子便以可怕的力量，将一切机械力所不能分开的骨骼，完整地分开了。植物种子的力量之大，如此如此。

　　这，也许特殊了一点儿，常人不容易理解，那么，你看见过笋的成长吗？你看见过被压在瓦砾和石块下面的一棵小草的生长吗？它为着向往阳光，为着达成它的生之意志，不管上面的石块如何重，石块与石块之间如何狭，它必定要曲曲折折地，但是顽强不屈地透到地面上来。它的根往土壤钻，它的芽往地面挺，这是一种不可抗拒的力，阻止它的石块，结果也被它掀翻，一粒种子的力量之大，//如此如此。

　　没有一个人将小草叫做"大力士"，但是它的力量之大，的确是世界无比。这种力是一般人看不见的生命力。只要生命存在，这种力就要显现。上面的石块，丝毫不足以阻挡。因为它是一种"长期抗战"的力；有弹性，能屈能伸的力；有韧性，不达目的不止的力。

**作品50号　　节选自纪广洋《一分钟》**

　　著名教育家班杰明曾经接到一个青年人的求教电话，并与那个向往成功、渴望指点的青年人约好了见面的时间和地点。

　　等到那位青年人如约而至时，班杰明的房门敞开着，眼前的景象令青年人颇感意外——班杰明的房间里乱七八糟、狼藉一片。

　　没等青年人开口，班杰明就招呼道："你看我这房间，太不整洁了，请你在门外等候一分钟，我收拾一下，你再进来吧。"一边说着，班杰明就轻轻关上了房门。

　　不到一分钟的时间，班杰明又打开了房门并热情地把青年人让进客厅。这时，青年人的眼前展现出另一番景象——房间内的一切已变得井然有序，而且有两杯刚刚倒好的红酒，在淡淡的香水气息里还漾着微波。

　　可是，没等青年人把满腹的有关人生和事业的疑难问题向班杰明讲出来，班杰明就非常客气地说道："干杯。你可以走了。"

　　青年人手持酒杯一下子愣住了，既尴尬又非常遗憾地说："可是，我……我还没向您请教呢……"

　　"这些……难道还不够吗？"班杰明一边微笑着，一边扫视着自己的房间，轻言细语地说，"你进来又有一分钟了。"

　　"一分钟……一分钟……"青年人若有所思地说，"我懂了，您让我明白了一分钟的时间可以做许//多事情，可以改变许多事情的深刻道理。"

　　班杰明舒心地笑了。青年人把杯里的红酒一饮而尽，向班杰明连连道谢后，开心地走了。

　　其实，把握好了生命中的每一分钟，也就把握了理想的人生。

**作品 51 号　节选自张玉庭《一个美丽的故事》**

有个塌鼻子的小男孩儿，因为两岁时得过脑炎，智力受损，学习起来很吃力。打个比方，别人写作文能写二三百字，他却只能写三五行。但即便这样的作文，他同样能写得很动人。

那是一次作文课，题目是《愿望》。他极其认真地想了半天，然后极认真地写，那次作文极短。只有三句话：我有两个愿望，第一个是，妈妈天天笑眯眯地看着我说："你真聪明。"第二个是，老师天天笑眯眯地看着我说："你一点儿也不笨。"

于是，就是这篇作文，深深地打动了他的老师，那位妈妈式的老师不仅给了他最高分，在班上带感情的朗读了这篇作文，还一笔一画地批道：你很聪明，你的作文写得非常感人，请放心，妈妈肯定会格外喜欢你的，老师肯定会格外喜欢你的，大家肯定会格外喜欢你的。

捧着作文本，他笑了，蹦蹦跳跳地回家了，像只喜鹊。但他并没有把作文本拿给妈妈看，他是在等待，等待着一个美好的时刻。

那个时刻终于到了，是妈妈的生日———一个阳光灿烂的星期天：那天，他起得特别早，把作文本装在一个亲手做的美丽的大信封里，等着妈妈醒来。妈妈刚刚静眼醒来，他就笑眯眯地走到妈妈跟前说："妈妈，今天是您的生日，我要//送给您一件礼物。"

果然，看着这篇作文，妈妈甜甜地涌出了两行热泪，然后一把搂住小男孩儿，搂得很紧很紧。

是的，智力可以受损，但爱永远不会。

**作品 52 号　节选自苦伶《永远的记忆》**

小学的时候，有一次我们去海边远足，妈妈没有做便饭，给了我十块钱买午餐。好像走了很久，很久，终于到海边了，大家坐下来便吃饭，荒凉的海边没有商店，我一个人跑到防风林外面去，级任老师要大家把吃剩的饭菜分给我一点儿。有两三个男生留下一点儿给我，还有一个女生，她的米饭拌了酱油，很香。我吃完的时候，她笑眯眯地看着我，短头发，脸圆圆的。

她的名字叫翁香玉。

每天放学的时候，她走的是经过我们家的一条小路，带着一位比她小的男孩儿，可能是弟弟。小路边是一条清澈见底的小溪，两旁竹阴覆盖，我总是远远地跟在她后面。夏日的午后特别炎热，走到半路她会停下来，拿手帕在溪水里浸湿，为小男孩儿擦脸。我也在后面停下来，把肮脏的手帕弄湿了擦脸，再一路远远地跟着她回家。

后来我们家搬到镇上去了，过几年我也上了中学。有一天放学回家，在火车上，看见斜对面一位短头发、圆圆脸的女孩儿，一身素净的白衣黑裙。我想她一定不认识我了。火车很快到站了，我随着人群挤向门口，她也走近了，叫我的名字。这是她第一次和我说话。

她笑眯眯的，和我一起走过月台。以后就没有再见过//她了。

这篇文章收在我出版的《少年心事》这本书里。

书出版后半年，有一天我忽然收到出版社转来的一封信，信封上是陌生的字迹，但清楚地写着我本名。

信里面说她看到了这篇文章心里非常激动，没想到在离开家乡，漂泊异地这么久之后，会看见自己仍然在一个人的记忆里，她自己也深深记得这其中的每一幕，只是没想到越过遥远的时空，竟然另一个人也深深记得。

**作品 53 号　节选自小学《语文》第六册中的《语言的魅力》**

在繁华的巴黎大街的路旁，站着一个衣衫褴褛、头发斑白、双目失明的老人。他不像其他乞丐那样伸手向过路行人乞讨，而是在身旁立一块木牌，上面写着："我什么也看不见！"街上过往的行人很多，看了木牌上的字都无动于衷，有的还淡淡一笑，便姗姗而去了。

这天中午，法国著名诗人让·彼浩勒也经过这里。他看看木牌上的字，问盲老人："老人家，今天上午有人给你钱吗？"

盲老人叹息着回答："我，我什么也没有得到。"说着，脸上的神情非常悲伤。

让·彼浩勒听了，拿起笔悄悄地在那行字的前面添上了"春天到了，可是"几个字，就匆匆地离开了。

晚上，让·彼浩勒又经过这里，问那个盲老人下午的情况。盲老人笑着回答说："先生，不知为什么，下午给我钱的人多极了！"让·彼浩勒听了，摸着胡子满意地笑了。

"春天到了，可是我什么也看不见！"这富有诗意的语言，产生这么大的作用，就在于它有非常浑厚的感情色彩。是的，春天是美好的，那蓝天白云，那绿树红花，那莺歌燕舞，那流水人家，怎么不叫人陶醉呢？但这良辰美景，对于一个双目失明的人来说，只是一片漆黑。当人们想到这个盲老人，一生中竟连万紫千红的春天//都不曾看到，怎能不对他产生同情之心呢？

**作品 54 号　　节选自蒲昭和《赠你四味长寿药》**

有一次，苏东坡的朋友张鹗拿着一张宣纸来求他写一幅字，而且希望他写一点儿关于养生方面的内容。苏东坡思索了一会儿，点点头说："我得到了一个养生长寿古方，药只有四味，今天就赠给你吧。"于是，东坡的狼毫在纸上挥洒起来，上面写着："一曰无事以当贵，二曰早寝以当富，三曰安步以当车，四曰晚食以当肉。"

这哪里有药？张鹗一脸茫然地问。苏东坡笑着解释说，养生长寿的要诀，全在这四句里面。

所谓"无事以当贵"，是指人不要把功名利禄、荣辱过失考虑得太多，如能在情志上潇洒大度，随遇而安，无事以求，这比富贵更能使人终其天年。

"早寝以当富"，指吃好穿好、财货充足，并非就能使你长寿。对老年人来说，养成良好的起居习惯，尤其是早睡早起，比获得任何财富更加宝贵。

"安步以当车"，指人不要过于讲求安逸、肢体不劳，而应多以步行来替代骑马乘车，多运动才可以强健体魄，通畅气血。

"晚食以当肉"，意思是人应该用已饥方食、未饱先止代替对美味佳肴的贪吃无厌。他进一步解释，饿了以后才进食，虽然是粗茶淡饭，但其香甜可口会胜过山珍；如果饱了还要勉强吃，即使美味佳肴摆在眼前也难以//下咽。

苏东坡的四味"长寿药"，实际上是强调了情志、睡眠、运动、饮食四个方面对养生长寿的重要性，这种养生观点即使在今天仍然值得借鉴。

**作品 55 号　　节选自[美]本杰明·拉什《站在历史的枝头微笑》**

人活着，最要紧的是寻觅到那片代表着生命绿色和人类希望的丛林，然后选一高高的枝头站在那里观览人生，消化痛苦，孕育歌声，愉悦世界！

这可真是一种潇洒的人生态度，这可真是一种心境爽朗的情感风貌。

站在历史的枝头微笑，可以减免许多烦恼。在那里，你可以从众生相所包含的甜酸苦辣、百味人生中寻找你自己；你境遇中的那点苦痛，也许相比之下，再也难以占据一席之地；你会较容易地获得从不悦中解脱灵魂的力量，使之不致变得灰色。

人站得高些，不但能有幸早些领略到希望的曙光，还能有幸发现生命的立体的诗篇。每一个人的人生，都是这诗篇中的一个词、一个句子或者一个标点。你可能没有成为一个美丽的词，一个引人注目的句子，一个惊叹号，但你依然是这生命的立体诗篇中的一个音节、一个停顿、一个必不可少的组成部分。这足以使你放弃前嫌，萌生为人类孕育新的歌声的兴致，为世界带来更多的诗意。

最可怕的人生见解，是把多维的生存图景看成平面。因为那平面上刻下的大多是凝固了的历史——过去的遗迹；但活着的人们，活得却是充满着新生智慧的，由不断//逝去的"现在"组成的未来。人生不能像某些鱼类躺着游，人生也不能像某些兽类爬着走，而应该站着向前行，这才是人类应有的生存姿态。

**作品 56 号　　节选自《中国的宝岛——台湾》**

中国的第一大岛台湾岛，地处东海和南海之间，隔着台湾海峡和大陆相望。天气晴朗的时候，站在福建沿海较高的地方，就可以隐隐约约地望见岛上的高山和云朵。

台湾岛形状狭长，从东到西，最宽处只有一百四十多公里；由南至北，最长的地方约有三百九十多公里。地形像一个纺织用的梭子。

台湾岛上的山脉纵贯南北，中间的中央山脉犹如全岛的脊梁。西部为海拔近四千米的玉山山脉，是中国东部的最高峰。全岛约有三分之一的地方是平地，其余为山地。岛内有缎带般的瀑布，蓝宝石似的湖泊，四季常青的森林和果园，自然景色十分优美。西南部的阿里山和日月潭，台北市郊的大屯山风景区，都是闻名世界的游览胜地。

台湾岛地处热带和温带之间，四面环海，雨水充足，气温受到海洋的调剂，冬暖夏凉，四季如春，这给水稻和果木生长提供了优越的条件。水稻、甘蔗、樟脑是台湾的"三宝"。岛上还盛产鲜果和鱼虾。

台湾岛还是一个闻名世界的"蝴蝶王国"。岛上的蝴蝶共有四百多个品种，其中有不少是世界稀有的珍贵品种。岛上还有不少鸟语花香的蝴//蝶谷，岛上居民利用蝴蝶制作的标本和艺术品，远销各地。

**作品 57 号　　节选自小思《中国的牛》**

对于中国的牛，我有着一种特别尊敬的感情。

留给我印象最深的，要算在田垄上的一次"相遇"。

一群朋友郊游，我领头在狭窄的阡陌上走，怎料迎面来了几头耕牛，狭道容不下人和牛，终有一方要让路。它们还没有走近，我们已经预计斗不过畜牲，恐怕难免踩到田地的泥水里，弄得鞋袜又脏又湿了。正在踟蹰的时候，带头的一只牛，在离我们不远的地方停下来，抬起头看看，稍迟疑一下，就自动走下田去。一队耕牛，全跟着它离开阡陌，从我们身边经过。

我们都呆了，回过头来，看着深褐色的牛队，在路的尽头消失，忽然觉得自己受了很大的恩惠。

中国的牛，永远沉默地为人类做着沉重的工作。在大地上，在晨光或烈日下，它拖着沉重的犁，低头一步又一步，拖出了身后一列又一列松土，好让人们下种。等到满地金黄或农闲时候，它可能还得担当搬运负重的工作；或终日绕着石磨，朝同一方向，走不计程的路。

在它沉默的劳动中，人便得到应得的收成。

那时候，也许，它可以松一肩重担，站在树下，吃几口嫩草。偶尔摇摇尾巴，摆摆耳朵，赶走飞附在它身上的苍蝇，已经算是它最闲适的生活了。

中国的牛，没有成群奔跑的习//惯，永远沉沉实实地、默默地工作，平心静气。这就是中国的牛！

**作品 58 号　节选自老舍《住的梦》**

不管我的梦想能否成为事实，说出来总是好玩儿的：

春天，我将要住在杭州。二十年前，旧历的二月初，在西湖我看见了嫩柳与菜花，碧浪与翠竹。由我看到的那点儿春光，已经可以断定，杭州的春天必定会教人整天生活在诗与图画之中。所以，春天我的家应当是在杭州。

夏天，我想青城山应当算作最理想的地方。在那里，我虽然只住过十天，可是它的幽静已拴住了我的心灵。在我所看见过的山水中，只有这里没有使我失望。到处都是绿，目之所及，那片淡而光润的绿色都在轻轻地颤动，仿佛要流入空中与心中似的。这个绿色会像音乐，涤清了心中的万虑。

秋天一定要住北平。天堂是什么样子，我不知道，但是从我的生活经验去判断，北平之秋便是天堂。论天气，不冷不热。论吃的，苹果、梨、柿子、枣儿、葡萄，每样都有若干种。论花草，菊花种类之多，花式之奇，可以甲天下。西山有红叶可见，北海可以划船——虽然荷花已残，荷叶可还有一片清香。衣食住行，在北平的秋天，是没有一项不使人满意的。

冬天，我还没有打好主意，成都或者相当的合适，虽然并不怎样和暖，可是为了水仙，素心腊梅，各色的茶花，仿佛就受一点儿寒//冷，也颇值得去了。昆明的花也多，而且天气比成都好，可是旧书铺与精美而便宜的小吃远不及成都的那么多。好吧，就暂这么规定：冬天不住成都便住昆明吧。

在抗战中，我没能发了国难财。我想，抗战结束以后，我必能阔起来。那时候，假若飞机减价，一二百元就能买一架的话，我就自备一架，择黄道吉日慢慢地飞行。

**作品 59 号　节选自宗璞《紫藤萝瀑布》**

我不由得停住了脚步。

从未见过开得这样盛的藤萝，只见一片辉煌的淡紫色，像一条瀑布，从空中垂下，不见其发端，也不见其终极，只是深深浅浅的紫，仿佛在流动，在欢笑，在不停地生长。紫色的大条幅上，泛着点点银光，就像迸溅的水花。仔细看时，才知那是每一朵紫花中的最浅淡的部分，在和阳光互相挑逗。

这里除了光彩，还有淡淡的芳香。香气似乎也是浅紫色的，梦幻一般轻轻地笼罩着我。忽然记起十多年前，家门外也曾有过一大株紫藤萝，它依傍一株枯槐爬得很高，但花朵从来都稀落，东一穗西一串伶仃地挂在树梢，好像在察颜观色，试探什么。后来索性连那稀零的花串也没有了。园中别的紫藤花架也都拆掉，改种了果树。那时的说法是，花和生活腐化有什么必然关系。我曾遗憾地想：这里再看不见藤萝花了。

过了这么多年，藤萝又开花了，而且开得这样盛，这样密，紫色的瀑布遮住了粗壮的盘虬卧龙般的枝干，不断地流着，流着，流向人的心底。

花和人都会遇到各种各样的不幸，但是生命的长河是无止境的。我抚摸了一下那小小的紫色的花舱，那里满装生命的酒酿，它张满了帆，在这//闪光的花的河流上航行。它是万花中的一朵，也正是由每一个一朵，组成了万花灿烂的流动的瀑布。

在这浅紫色的光辉和浅紫色的芳香中，我不觉加快了脚步。

**作品 60 号　节选自林光如《最糟糕的发明》**

在一次名人访问中，被问及 20 世纪最重要的发明是什么时，有人说是电脑，有人说是汽车，等等。但新加坡的一位知名人士却说是冷气机。他解释，如果没有冷气，热带地区如东南亚国家，就不可能有很高的生产力，就不可能达到今天的生活水准。他的回答实事求是，有理有据。

看了上述报道，我突发奇想：为什么没有记者问："20 世纪最糟糕的发明是什么？"其实二零零二年十月中旬，英国的一家报纸就评出了"人类最糟糕的发明"。获此"殊荣"的，就是人们每天大量使用的塑料袋。

诞生于 20 世纪 30 年代的塑料袋，其家族包括用塑料制成的快餐饭盒、包装纸、餐用杯盘、饮料瓶、酸奶杯、雪糕杯等等。这些废弃物形成的垃圾，数量多、体积大、重量轻、不降解，给治理工作带来很多技术难题和社会问题。

比如，散落在田间、路边及草丛中的塑料餐盒，一旦被牲畜吞食，就会危及健康甚至导致死亡。填埋废弃塑料袋、塑料餐盒的土地，不能生长庄稼和树木，造成土地板结，而焚烧处理这些塑胶垃圾，则会释放出多种化学有毒气体，其中一种称为二噁英的化合物，毒性极大。

此外，在生产塑料袋、塑料餐盒的//过程中使用的氟利昂，对人体免疫系统和生态环境造成的破坏也极为严重。

# 参考文献

[1] 徐增敏. 幼儿教师口语训练. 北京：教育科学出版社，2012.

[2] 崔元，孙明红. 幼儿教师口语. 北京：人民教育出版社，2011.

[3] 苑望. 幼儿教师口语. 北京：高等教育出版社，2007.

[4] 青岛市教委职业技术教育教研室. 普通话教程. 青岛：青岛出版社，2002.

[5] 王旭昌. 语言表达. 青岛：青岛出版社，2012.

[6] 尹建国. 普通话水平测试指导用书. 北京：商务印书馆，2007.

[7] 邢捍国. 实用普通话水平测试与口才提高. 广州：暨南大学出版社，2007.

[8] 马显彬. 普通话训练教程. 广州：暨南大学出版社，2007.

[9] 张严明，菅国坤. 口语表达技能训练教程训练. 北京：中国物价出版社，2001.

[10] 陈秋敏. 教师口语. 重庆：重庆大学出版社，1998.